こどもの
みらい叢書
1

おいしい育児

家でも輝け、おとうさん!

佐川光晴

世界思想社

はじめに

「おとうさん」

妻やこどもから明るい声で呼ばれると、それはそれはうれしいものです。とくに二、三歳のこどもから言われたら、自然に笑みがこぼれてしまう。抱っこなんてお安い御用、高い高いだってしてあげるし、公園にだってすぐにつれて行きます。

ところが、年月をへるにしたがい、「おとうさん」と呼ぶ妻やこどもの声がけわしくなっていく。おとうさんのほうも、怒られてばかりなので、なるべく家族から離れていようとする。「おとうさ〜ん」と、へんにやさしい声で呼ばれたときは要注意です。買ってほしいものがあるか、外で食事がしたいかのどちらかで、とぼしい財布の中身がさらに減っていく。でも、ダメだなんて言ったら、妻やこどもたちからますます相手にされなくなってしまう。

いったいぜんたい、どうしてこんな情けないことになったのか？

それは、おとうさんが家ですごす時間があまりにも短いからです。こどもたちが起きるまえに仕事に出かけて、こどもたちが眠ったあとに帰ってくるのでは、いくら親子だからといって、気心が通じるはずがありません。たまに早く帰ってきても、ぼんやりテレビを見たり、ゲームをしながらゴロゴロしているだけでは、おかあさんだってフォローする気がなくなるというものです。

日本では、父親の家事・育児への参加がいっこうに増えていません。休みの日に、まとめて家族サービスにつとめているおとうさんはかなりいると思いますが、平日のタイムスケジュールに家事と育児がくみこまれているおとうさんはごくわずかなのではないでしょうか。

それも無理はありません。仕事は猛烈にいそがしいし、通勤にも時間がかかる。けれども、心のどこかで、家庭のことは妻にまかせておけばいいと思っているのではないか。父親が子育てにかかわらないほうがうまくいくはずさと勝手に決めて、妻のほうでもそんな夫にサッサと見切りをつけて、ゴミ捨てや庭の雑草抜きくらいしか頼まないのではないか。

家庭は、夫婦が協力してきずいていく生活空間です。両親から受け継ぎ、自分なりに育んできた感性や倫理観が、日々の出来事を通して、わが子に伝わっていきます。夫婦がかわす会話のリズムとテンポは、そのままこどもの口ぶりになります。お茶を飲む仕草や、宅配便を受け取るさいのことばづかいも、こどもによって見事なまでになぞられます。

せっかく親子として長い年月をすごすのです。反面教師としてのみ参考にされるよりも、なごやかな関係が維持されるなかで、おたがいに影響を与え合うほうが、親子どちらにとってもしあわせなのではないでしょうか。

「そりゃあ、こどもと仲良くしたいけど、おれの父親だってほとんど家にいなかったから、息子や娘とどんなふうにかかわったらいいのかなんてわからないよ」

おそらく、これが、世のおとうさんたちのいつわらざる気持ちではないかと思います。そして、小中学生の男の子たちも、結婚を望む成人男性諸君も、父親になったところで家のなかに自分の居場所なんてないさと、ハナから諦めているのではないでしょうか。

たしかに男女の賃金格差は依然として大きく、父親が主たる稼ぎ手となって家の外で働く構造は簡単には変わりそうもありません。それでも、仕事のいそがしさを言いわけにせずに、妻とともに家事と育児にとりくむ男性がひとりでも増えてほしい。おとうさんが家にいて、おかあさんと手分けをして掃除や洗濯をするようになれば、こどもは自然に話しかけてきます。

かく言うぼくは、主夫兼小説家として、ふたりの息子を育ててきました。二〇一八年二月現在、小学校教諭の妻・乃里子は五十六歳、長男・三四郎は二十二歳、次男・十葉《とわ》は十四歳という家族構成です。ぼくは妻より三歳したの五十三歳、結婚したのは一九八九年三月で、時代はバブル経済のまっさかりでした。

以来、三十年のあいだには、阪神・淡路大震災や東日本大震災をはじめとする数々の大災害がありました。パソコンや携帯電話が普及して、ひとびとの暮らしかたは大きく変わりました。女性の社会進出が進み、共働き世帯は、そうでない世帯よりもずっと多くなっています。

もうそろそろ、日本においても、おとうさんが家事と育児をするのがあたりまえになっていいのではないでしょうか。そうなれば、世のなかは確実によい方向に変わっていくと、ぼくは思っています。

おかあさんがつくる「おいしい料理」が家族に笑顔と健康をもたらすように、おとうさんは「おいしい育児」で家族とおとうさん自身をしあわせにしませんか。もちろん、おとうさんが「おいしい料理」をつくるのだってOKです。

この本で、ぼくは自身の子育てをふりかえりながら、その時々で感じたこと、学んだことを書いていきたいと思います。ぼくの経験が新米のおとうさん、未来のおとうさんのはげみになるなら、こんなにうれしいことはありません。

家でも輝くおとうさんが増えて、五年後、十年後に、おかあさんたちの肩の荷が少しでも軽くなっていることを願い、本書を世に問うしだいです。

『おいしい育児——家でも輝け、おとうさん！』目次

イラスト　まきみち

第1章　わが子の誕生

　こどもが生まれたときは、本当にうれしかった。それと同時に、わが子の出産に立ち会ったときほど、男性という存在の本質的な気楽さ、無責任さが身にこたえたことはありませんでした。

　立ち会い出産といっても、生まれる直前の十五分ほどにつき合ったにすぎません。しかも、分娩台にのった妻は、ぼくがそばに来たというのに、一度もこちらを見ようとしないのです。妻の右手を両手でにぎり、「がんばれ、のりちゃん。もう少しだぞ」と声をかけても、脚を大きく広げた妻は天井を見つめて、「ううー、ふー」と荒い息を吐くばかりです。

「いいですか、つぎの波でいきますからね。まだよ、ガマンして。まだいきまない」

婦長さんの指示に妻がうなずきます。

「なんだ、聞こえてるんじゃないか」

胸のうちで不満をもらしながらも、それだけ産むことに集中しているのだと思い、ぼくは妻をはげましつづけました。

「のりちゃん、がんばれ」

「さあ、ここよ。がんばって！　あと少し」

婦長さんの声がさらに大きくなります。

「んふー、うーん」と妻も顔をまっかにしていきみます。

「はい」と差し出された婦長さんの両手のうえに、あかちゃんが頭からすべり出てきました。

ぼくは生まれたと感動するより先に、あかちゃんのからだが灰色であることにおどろきました。おなかから伸びたヘソの緒のなまなましさにも息を呑みました。それと同時に、おちんちんを見つけて、やっぱり男の子だったと思ったとき、あかちゃんが泣きました。

「おぎゃー」と表記される産声ですが、そうともいえるような、そうではないような声でした。

「元気な男の子ですよ」

婦長さんはぼくに言うと、あかちゃんを産着でくるみました。産声をあげたおかげで、灰色だったからだがみるみる赤みをおびてきて、ぼくは安心しました。

「のりちゃん、ご苦労さま。ほら、三四郎が生まれたよ」

手をとってねぎらうと、妻はようやくぼくを見て、表情をやわらげました。もっとも、まさに疲労困憊《こんぱい》といったようすで、とても口をきくどころではありません。

もう少しつきそっていたかったのですが、そこで分娩室の外に出されました。感慨にひたりながら階段をおりて、玄関脇の公衆電話で妻の両親とぼくの両親に電話をかけました。

「十一月五日、午後七時四十四分に誕生。体重二九八四グラムの男の子です」

連絡をすませて、ぼくは待合室のソファーに腰をおろしました。日曜日の夜だったので、あたりには誰もいません。

妻が産気づいたのは午後一時ごろでした。おなかに差しこむような痛みがあるとのことで、いったん引いても、しばらくするとまた痛くなる。これはあきらかに陣痛の兆候です。病院に電話をすると、あわてずにいらしてくださいとのことでした。予定日は三日後なので、いつなにがあってもいいように支度は整っています。

「日曜日でよかった」

当時、ぼくは会社勤めをしていたので、ホッと胸をなでおろしました。そして、つとめて平静にふるまいながら戸締まりをして、車の後部座席に妻を乗せました。浦和市本太《もとぶと》のアパートから、志木市の病院までは荒川をはさんで七キロメートルほどの距離です。時間にして二、三十分。ぼくは安全運転に徹して、慎重に車を走らせました。

途中、志木市内にある妻の実家に立ち寄り、妻はシャワーを浴びました。ひと休みした妻を乗せて病院にむかいます。院長先生が診察をしてくれて、本格的な陣痛が来るのはまだ五、六時間先だと言うので、ぼくはいったん妻の実家にもどりました。

早めの夕飯をいただき、妻の両親ととりとめのない話をしていた午後七時すぎに電話が鳴りました。婦長さんからで、これから分娩室にはいるとのことです。ぼくは妻の両親に見送られて、志木駅そばの病院にむかいました。

産気づいてから七時間ほどで出産したのだから、文字どおりの安産です。妻は三十四歳での初産で、どうなることかと心配していたのですが、すべては杞憂《きゆう》でした。それにしても、出産があれほどまでに体力を消耗するものだとは知りませんでした。痛みだって、相当だったはずです。

賛嘆の気持ちがわきおこり、ぼくは胸のうちでつぶやきました。

「女性というのは、じつに大したものだな。ママはあれを五回もやったわけか」

ぼくの母親は、ぼくを頭に五人のこどもを産んでいます。最初と最後が男で、あいだに女が三人という構成です。末の弟が生まれたとき、ぼくは中学一年生でした。

ですから、妊婦のおなかがしだいに大きくなっていくようすや、生まれたてのあかちゃんがどんなに小さいかも、じっさいに見て知っています。しかし、あかちゃんが生まれてくる場面に立ち会ったのは初めてでした。

女性は自分のからだで胎児を育てて、まさに命がけで出産にのぞみます。それに対して、男性はせいぜい気を揉《も》むことしかできない。背負っているリスクが質、量ともにちがいすぎて、もはや笑うしかありません。

「名前を三四郎にしてよかったな。のりちゃんが三十四歳で産んだから、三四郎だ」

ぼくはまた胸のうちでつぶやくと、待合室のソファーから立ちあがりました。病院の駐車場に停めた車に乗り、浦和のアパートに帰っていく途中でふと窓の外を見ると、大きな月が昇っていたのをおぼえています。

われわれ夫婦は不妊症でした。詳しくは第3章に書きますが、ぼくの側に原因があり、通常の性交では妊娠しないと、医師に告げられました。そのときに受けたショックはとてつもなく大きくて、よく押しつぶされなかったものだと思います。

人工授精にとりくむことになり、妻は結婚七年目にようやく妊娠しました。妊娠がわかったときは、あまりにうれしくて、医師と看護婦さんがいるまえで、妻と抱き合ったのをおぼえています。

浦和市原山にあった産科婦人科医院は、今からだいぶまえに閉じてしまいました。ぼくたちがお世話になっていたころも診察と治療だけで、分娩はあつかっていませんでした。医師は七十歳をこえていたと思います。大柄な方で、よくダジャレや冗談を飛ばしていました。出産は、妻の実家がある志木市の病院ですることに決めていましたが、臨月までの検診は不妊治療もしてもらった原山の産科婦人科医院で受けることにしました。本太のアパートからは車で五分ほどだし、予約を入れておけば午後六時すぎでも診てくれるので、妻は年休をとらずにすんだからです。

妊娠がわかってから最初の検診のとき、ぼくは医師に頼みました。

「こどもの性別は教えないでください。生まれるまで、男の子か女の子かどっちだろうと想像していたいので」

「わかりました。だいじょうぶ、わたしはこう見えて口が堅いから。それに、男女の見分けがつくのは五ヵ月をすぎてからだからね」

一抹の不安をかんじながら、ぼくは医師が妻のおなかをエコー検査機で診察するようすを見守りました。

妊娠後の経過は順調でした。妻は体調に気をつけながら教員の仕事にとりくみ、ぼくも妻の負担を少しでも減らそうと家事にはげみました。

それは、小学校が夏休みに入る直前の七月中旬に定期検診を受けたときでした。予定日は十一月十日前後とあって、妻は二学期の途中まで働くことになっていました。夏休み中も出張や研修がありますが、授業をするより負担はずっと軽くなります。

金曜日の夕方ということもあり、われわれ夫婦もどこか気持ちがゆるんでいたのだと思います。その日も楽しげにエコー検査機を当てていた医師が不意に声をあげました。

「おー、ちんちん」

「先生！」

ぼくたちよりも先に看護婦さんが注意してくれましたが、あとの祭りです。

「ごめん、ごめん。あんまりはっきり見えたものだから」

素直にあやまられては、文句を言うわけにもいきません。

「元気な男の子。母子ともに異常なし」

医師に送りだされたあと、おなかがふくらんできた妻と夜道を歩きながら、「男の子かあ。女の子かと思ってたけどな」と、ぼくは言いました。

自分と似た性格の男の子だと、世のなかを渡っていくのにさぞかし苦労するだろうという気がしていたからです。

名前を思いついたのは、男の子だとわかってから二週間後でした。すやすや眠る妻の横顔を見ながら、ぼくは思いました。

「このひとは、二十七歳のときにぼくと結婚した。そして三十四歳でこどもを産もうとしている」

そのとたん、ひらめいたのです。

「三四郎にしよう！」

当時、ぼくは三十歳でしたが、自分の年齢にかけて三十郎にするつもりはこれっぽっちもありませんでした。翌朝、「三四郎はどうだろう？」と言うと、妻も喜んで賛成してくれました。そして、おなかをさすりながら、「三四郎」と呼びかけています。

やがて妻のおなかは大きくせりだしてきました。ぼくは朝に夕に妻の肩や腰を揉み、臨月になってからは足の爪も切ってあげてと、身重の妻をできるかぎり助けてきたつもりでいたのです。

しかし、じっさいに出産に立ち会ってみて、ぼくはわれわれ男性がいかに気楽で無責任な存在かを思い知らされました。

こちらがあくまで頭で考えて、良き夫、良き父親であろうとしているのに対して、妻のからだは妊娠の直後から不可逆的に母体へと変化していきました。そして、ついに出産のときを迎えて、産みの苦しみに耐えて、あかちゃんを産んだのです。よほど心してかからなければ、妻にあいそを尽かされかねないと、ぼくは肝に銘じました。

「でもまあ、のりちゃんも今夜はゆっくり寝てるだろう」

自分を戒めつつも、ぼくは三四郎に乳房をふくませる妻の姿を想像しながら、ひとりの部屋で安心して眠りにつきました。

翌日は月曜日でしたが、ぼくは会社に電話でこどもが生まれたことを伝えて、休みをもらいました。すぐに病院に行きたくても、面会は午後二時からです。ぼくは朝食をすませると、荷造りにとりかかりました。こどもが生まれたら、志木市にある妻の実家に引っ越すことになっていたからです。

妻はひとり娘で、敷地に余裕があるため、新たに一戸建てを建ててくれるというわけです。ただし、完成は十二月中旬の予定で、それまでは実家の二階で暮らすことになっていました。安産だったこともあり、ぼくの気持ちはすでに引っ越しにうつっていました。午前九時すぎに妻から電話があったときも、ぼくは明るい声で朝のあいさつをしました。ところが、妻は涙声です。

「おっぱいが岩みたいに硬くなってて、それにエインセッカイのあとも痛くて、ほとんど寝られなかったの……」

このあと診察があるとのことで、電話はすぐに切れました。妻が言ったことの意味がわからず、ぼくは母に電話でたずねました。

「まったく、そんなことも知らないんだからねえ」

ひとしきり息子をくさしたあと、母は会陰切開について説明してくれました。あかちゃんをスムーズに取りだすために、膣と肛門の間の皮膚をハサミで切ることがあるというのです。そういえば、あかちゃんが出てくるまぎわに婦長さんがハサミを妻の陰部にむけていたのを思いだし、そんなおそろしい処置が目のまえでなされていたのかと、ぼくはおどろきました。どうりで分娩室に案内されたとき、妻の頭の横から動かないようにと指示されたわけです。乳房が硬くなるのも、初産のときにはよくあることとのことでした。

「だいじょうぶ、かならずお乳が出るようになるから。とにかく、やさしくしてあげなさい。女のひとは大変なんだから」

またしても自分の不明を思い知らされて、ぼくはため息をつきました。母が妹や弟におっぱいをあげる姿をさんざん見ていたので、あかちゃんが生まれれば自然に母乳が出るものだと思っていたのです。

午後二時を待って面会したときも、妻のおっぱいは硬いままでした。

「さわってみて」

そう言われて、ぼくはおそるおそる手を伸ばしました。岩というよりは、固まったばかりの溶岩といったかんじで、人間のからだとは思えないゴツゴツした感触に、ぼくは強いショックを受けました。しかも一夜にして変じたというのだから、妻が動揺するのも無理はありません。

そのあと、妻から出産までの経過をききました。午後六時ごろ、トイレに行こうとしたところで破水したけれど、分娩台が全部ふさがっていたので、順番を待っているあいだが不安だったそうです。

そのあと、新生児室で寝ている三四郎をガラス越しに見ました。昨日よりも目鼻立ちがはっきりしていますが、産着からはみだした足は細くて、まさに生まれたてです。

明日も夕方には来るからと言うと、妻が抱きついてきました。

「おっぱい、出るかなあ？」

「出る出る、だいじょうぶ」

ぼくは妻の背中をさすりました。

その日の夕方、婦長さんが妻の乳房を揉みしだいてくれたそうです。おかげでやわらかさをとりもどし、母乳も出るようになったとのことでした。

「でも、ものすごく痛かったんだよ。死ぬかと思っちゃった」

夜になって妻がかけてきた電話で知らされて、ぼくは想像するだけでおそろしくなりました。いくらベテランの婦長さんとはいえ、あのゴツゴツとしたかたまりをよく揉めたものです。

「三四郎がね、おっぱいを飲むまえに、このひとは誰だろうっていう顔でじっと見てきたの。ちゅっ、ちゅって吸って、そこで口から乳首がはずれちゃって、おっぱいが顔にかかってビックリしてた。ちょっと飲んだだけで寝ちゃったけど、これでひと安心」

わが子に母乳を与えた喜びで、妻はもろもろの痛みを忘れたようでした。きっと今夜はぐっすり眠れることでしょう。それとも、それもまたぼくの早合点で、彼女の眠りをさまたげる新たな出来事がおきるのでしょうか。

「おやすみ」と言って受話器をおくと、ぼくは両腕を広げて胸を張りました。肩や背中がひどくこっていて、疲れがにじみ出てきます。

ぼくはそれまで、男と女のちがいを言い立てる論にくみしないようにしてきました。しかし、こと妊娠・出産に関しては、男と女は絶対的に異なっていると言わざるをえません。妊娠をきっかけに、女性のからだが避けようもなく変化していくのに対して、男性は見守ることしかできないのです。それでも知らん顔をしているよりは、自分との性交がきっかけとなって女性に生じた変化を見つめるほうがよほどマシなはずです。

ぼくは右手に残るゴツゴツしたおっぱいの感触を忘れないようにしようと思いました。

「さあ、いよいよ子育てだ」

ようやく出番が来たと胸をときめかせながら、ぼくは段ボール箱に衣類や食器をつめていきました。

第2章 妻の実家で「生活の設計」

日曜日の晩に出産した妻は、金曜日の午後、三四郎とともに退院しました。

そのときに、病院の玄関前で撮った写真があります。タオルで包んだ三四郎を抱いているのは三十歳のぼく、三十四歳の妻は赤いキルト地の上着を着ています。ふたりともそれなりの年齢なのに、五十歳をすぎた今から見ると、まるきり幼い。とくに、ぼくは少年のようです。

「さあ、いよいよ子育てだ」

ぼくの意気ごみとは裏腹に、生まれたてのあかちゃんはほぼ寝ています。泣き声もか細くて、ちっともうるさくない。ぼくは仕事から帰ると率先しておむつをかえ、ベビーバスでの沐浴《もくよく》を手伝い、ひと肌に冷ましたミルクをあげました。腫れ物にさわるとはこのことで、骨も固まっていないあかちゃんを床に落としてはいけないと、とにかく慎重に行動していたのをおぼえています。

生後一ヵ月ごろまでのアルバムを見ていて、あらためてありがたく思うのは、じつにたくさんの方々がお祝いに来てくれたことです。ぼくの両親や妹弟たち、妻の親戚たち、なにより妻の教え子である小学生が集団で訪れて、まだ首がすわらない三四郎をこわごわ抱っこしてくれました。妻の友人たちも、お子さんをつれてあそびに来てくれました。

毎週末に来客があって、ぼくはお茶をだしたり、写真を撮ったりするあいまに会話にくわわりました。みなさん、無事の出産を本当に喜んでくれていて、妻の両親もうれしそうにしています。その姿を見て、やはり妻の実家で暮らすことにしてよかったと、ぼくはひとりうなずきました。

中庭に建築中の一戸建て住宅は十二月中旬に完成する予定で、それまでは母屋の二階を使わせてもらっていました。浦和市本太のアパートにはまだ冷蔵庫やタンスがおいてあり、ぼくは会社の帰りに立ち寄っては荷造りをしていました。

本太のアパートは、一軒家の一階と二階のそれぞれに玄関があるという造りで、われわれは二階を借りていました。暮らしやすい間取りで、日当たりも抜群でした。ＪＲ浦和駅から徒歩五分と近いうえに、小中学校もそばにあり、子育てにも便利な環境だったと思います。志木と浦和のあいだはバス路線で結ばれていて、妻の母は買い物ついでにちょくちょくわれわれのアパートにあそびに来ました。

ですから、志木の実家で里帰り出産をして、その後は浦和で暮らしていくという選択も十分ありえたわけです。妻はどちらかというと、それを望んでいたようでした。しかし、いずれ妻の両親が老いてくれば同居することになるわけです。それなら出産を機に志木にうつってしまったほうがいいと言いだしたのは、ぼくでした。

ふつう男性は妻の実家で暮らすことをいやがります。では、どうして、ぼくは自分からすすんで妻の両親と同居することにしたのか。それを理解してもらうためには、ぼくの経歴と結婚後の転職について話さなければなりません。

ぼくは北海道大学の法学部を卒業しています。東京都新宿区の出身ですが、四歳のときに神奈川県茅ヶ崎市の公団住宅・鶴が台団地に引っ越しました。高校卒業までを茅ヶ崎ですごしたので、経歴には「東京都出身、茅ヶ崎育ち」と書いています。現在も両親は鶴が台団地で暮らしていて、ぼくも夏休みや正月に里帰りをしては、のんびりくつろいでいます。

茅ヶ崎は気候も温和だし、風光明媚《めいび》な湘南海岸があります。もっとも、となりの藤沢や平塚に比べると地味で小さなまちだというのが、茅ヶ崎で育った者の率直な印象でした。ところが、ぼくが中学一年生のときに桑田佳祐がひきいるサザンオールスターズがデビューするやいなや、茅ヶ崎の株が大幅にあがったのにはおどろきました。

以来三十数年、「茅ヶ崎出身です」と言うたびに羨ましがられているわけですが、高校に入ったころから、ぼくは茅ヶ崎を狭苦しくかんじるようになりました。なにより3DKの団地に七人家族というのは、人口密度が高すぎます。

そこで、高校一年生の夏休みには、大学進学を機に家を出ようと決意しました。どうせ行くなら遠くがいいと、北大を目ざすことにして、ぼくは勉強にはげみました。父親の稼ぎが悪いので、仕送りは期待できなくても、奨学金をもらって学生寮に入ればどうにかなるだろうと考えたわけです。運良く現役で合格し、ぼくは上野駅から乗った夜行列車と青函連絡船で北海道に渡りました。一九八三年三月末のことです。

札幌は、大通公園を中心に碁盤の目状に道路が走る、機能的で美しいまちです。北大は札幌駅のすぐそばに広大なキャンパスを有していて、大学構内にある恵迪寮《けいてき》に入ったぼくは、札幌での暮らしを満喫しました。

恵迪寮は、"Boys, be ambitious !" の名言で知られるクラーク博士が教頭をつとめた札幌農学校の寄宿舎に由来する、歴史ある自治寮です。沖縄・九州から、関西、関東、東北地方と、本当に日本全国から北の大地に憧れる学生が集まってきて、今でも組んずほぐれつの共同生活をおくっています。

北大の卒業生は、大雑把にいって、半数が道内に残り、半数は道外に職を求めます。ぼくは恵迪寮自治会の執行委員長をつとめたこともあって、教養部から学部に移行するときに留年しました。さらに大学五年目の一年間を休学して中南米諸国を旅したため、卒業までに六年かかりました。

最終学年を迎えたとき、ぼくにはこれといった目標がありませんでした。バブル経済のまっさかりで、日本中がうかれにうかれていましたから、時代の流れについていけなくてあたりまえだった気もします。中南米に一年間もいたせいで、北海道さえ狭く思えて、こんなことではとても役所や企業で働けそうもないと自覚したのをおぼえています。

妻と知り合ったのは、中南米から恵迪寮にもどって一ヵ月がすぎた四月下旬でした。彼女は埼玉大学演劇研究会のＯＢを中心に結成された「劇団どくんご」で役者をしていました。総勢十五、六名の小劇団ながら、自前のテントをトラックに積んで日本各地をまわり、公園や河川敷で芝居をしてきたそうです。

妻は二年後におこなう初の全国縦断公演の準備のために劇団員五名とともに北海道を訪れて、恵迪寮にもやってきたのでした。一週間ほど札幌にいて、埼玉に帰っていったと思ったら、五月下旬にまたあらわれました。大通公園と中島公園で芝居をするというので、ぼくは寮の仲間たちと観に行きました。

ぼくはその後、主に中南米関係の翻訳書を出している小出版社に就職することになりました。秋口に御茶ノ水の出版社を訪ねたとき、妻とも会い、結婚の約束をしました。妻の父は地元の市立小学校で校長をしていて、妻の母も前年五十五歳で退職するまで長年小学校の教員をしていたとのことでした。クリスマスのころ、札幌に来るというので、結婚についての詳しい相談はそのときにすることにしました。

妻の実家を訪ねたのは一月四日の朝でした。三日の午前中に札幌駅を発ち、夕刻に青森駅から乗った夜行列車は翌四日の明け方、上野駅に着きました。山手線で池袋駅にまわり、東武東上線で約二十分、ぼくは初めて志木駅におりたちました。

「ちょっと大きい家なんだけど」

妻がそう言ったのは、実家の手前まで来たときでした。

「ここなの」

石造りの門には松の枝が形良くかかり、前庭にはひと抱えはある大きな庭石がいくつもおかれています。屋根は瓦葺きで、中庭には藤棚までありました。

「ただいま〜」

妻が言うなり、玄関のドアが開きました。

「まあまあ、いらっしゃい」

妻の母が迎えてくれました。

「佐川です」と名乗ったものの、「お疲れでしょうから、二階で休んでくださいな」と言われて、あいさつもそこそこに妻の勉強部屋に入れられました。たしかに寝不足ではあったので、ぼくは妻と枕を並べて眠りました。

何年もたってから妻の母が話してくれたのですが、初めてぼくを見たときは、娘がだましてつれてきたと思ったそうです。誕生日が二月八日のぼくはまだ二十三歳でしたし、貧乏学生で、やせていました。なにはともあれ、結婚なんて絶対にしないと言い張っていたひとり娘がつれてきた男性なのだから、逃がしてはならじと、妻の母は思ったそうです。

目をさましたあと、座敷で食事をいただきながら、ぼくは妻の両親に恵迪寮での生活や中南米旅行の話をしました。その後は、妻が運転する車で、市内にある妻の叔父さんの家につれて行かれました。いとこたちも集まっていて、みなさんから代わるがわるビールをつがれて、あまり酒が強くないぼくはすっかり酔っ払いました。さらに、となりの富士見市にある親戚の家にもあいさつに行き、またしてもたっぷり飲まされて、最後は妻の母の実家に行きました。

その家は、妻の実家から五十メートルも離れていませんでした。聞けば、妻の両親は同じ歳の幼なじみどうしで結婚したということです。ようやく運転手の役目を終えた妻は伯父さんをはじめとするみなさんにお酒をつがれて、照れくさがったり、ケラケラ笑ったりしています。気がつくと妻の母も来ていて、それはそれはしあわせそうにしていました。

ぼくも両親や祖父母をはじめとする親戚たちから大切にされてきましたが、妻の親戚たちのようにかたまって暮らしてはいません。いったい何人にあいさつをして、誰がどういう間柄のひとなのかもおぼえきれませんでしたが、みなさんがわれわれの結婚を心から祝福してくれていることはよくわかりました。

「このひとを、あだやおろそかにあつかってはならない」

その晩、妻の部屋で並んで眠りながら、ぼくは自分に言い聞かせました。それと同時に、こどもが生まれたら、妻の実家で暮らすほうがいいのだろうと思い始めてもいました。これだけの敷地と家屋があるのに、何十年というローンを組んでよそに家を建てたり、マンションを買ったりする必要はありません。なにより、妻の両親も親戚の方々も穏やかでやさしいひとたちです。

「ぜひ志木で暮らしてください」といった押しつけがましいことばは、誰の口からも発せられませんでした。それもそのはずで、妻は翌年の四月から四ヵ月におよぶ初の全国縦断公演を敢行しようとしていたのです。妻の両親や親戚たちは、結婚を祝福しながらも、ぼくにあいそを尽かされやしないかとハラハラしていたにちがいありません。

翌日は、妻が茅ヶ崎の団地を訪れて、ぼくの親きょうだいと会いました。両親も、妹弟たちも、彼女をすっかり気に入ったようでした。

鶴が台団地の別棟には父方の祖父母も暮らしていて、祖父は気むずかしいひとでしたが、妻がじょうずに相手をしてくれたので、本当に助かりました。

三月の初めには、北大のクラーク会館で結婚祝賀会を開きました。恵迪寮生を中心に百名以上が集まった、にぎやかな宴でした。

三月下旬には、東京駅前のホテルに双方の親戚を招いて披露宴をしました。ぼくも妻も、いとこたちのなかで初めての結婚とあって、おかげで親戚一同が久しぶりに集えたと、あとあとまで感謝されました。

大学卒業と同時に結婚したため、ぼくには独身生活が一日もありませんでした。もちろん新婚生活は楽しくて、ぼくは新居である埼玉大学の近くのアパートから御茶ノ水の出版社にせっせと通いました。

妻との出会いから結婚まではとんとん拍子に進みましたが、わが子を抱くまでにまさか七年もかかるとは思ってもみませんでした。それに、その七年間は、ぼくにも妻にも大きな変化をもたらしました。

ぼくは御茶ノ水の出版社をわずか一年で辞めると、大宮にある屠畜場《とちくじょう》の作業員になりました。屠畜とは、生きている牛や豚を解体して、食肉にする仕事です。一方、妻は芝居をやめて、小学校の教員になりました。

もともと教員志望だった妻はともかく、ぼくの仕事は前職とちがいすぎます。

直接の原因は、出版社の社長と編集長を相手に喧嘩をやらかしたことでした。妻が全国縦断公演に出かけてから一ヵ月足らずで、ぼくは退職をよぎなくされたわけです。

貯金もなかったので、山谷《さんや》から日雇いの仕事に出ることにしました。始発電車に乗って南千住駅まで行き、寄せ場で立っていると、手配師が声をかけてきて、日当は一万四千円、交通費と食費は別払いといった条件を提示してきます。とび職の手伝いをしたり、ビルの解体現場で廃材の片づけをしたりしましたが、言われるままに単純な作業をくりかえすのは、ぼくにはつまらなく思えました。

働くからには力のかぎりを尽くしたいと考えて、ぼくは職業安定所で屠畜場を紹介してもらいました。一人前になるのは大変でしたが、自分で研いだナイフで一日平均百頭の牛を解体する作業には、たしかな手ごたえと充実感がありました。だからこそ、危険できつい仕事を十年以上もつづけられたのだと思います。

ぼくのデビュー作である「生活の設計」は、屠畜場で働く「わたし」を主人公にした小説です。『牛を屠《ほふ》る』というノンフィクション作品もありますので、興味のある方はお読みください。

「生活の設計」は、屠畜作業の描写が話題になりましたが、ぼくとしては妻の両親との関係をメインに書いたつもりでした。

息子は父親に対して反抗することが少なくありません。志賀直哉の「和解」も、中野重治の「村の家」も、中上健次の「枯木灘」も、息子と父親の葛藤がメインテーマです。しかし、「生活の設計」のなかに「わたし」の父親は登場しません。それは、ぼく自身が両親とのあいだに確執を抱えていなかったからです。

大学を卒業しておきながら、自ら望んで肉体労働につく者は多くはないかもしれません。しかし、どんな仕事をするのかは当人の自由です。職業に貴賤はなく、職業を理由にした差別は許されません。

ぼくはそう考えて屠畜場の作業員になりました。さいわい妻は反対しませんでした。ぼくの両親も、なにも言いませんでした。ぼく自身、やむにやまれぬ衝動に突き動かされての転職で、きちんと理由を説明しろと言われても無理だったろうと思います。しかも未体験の仕事ですから、適性があるかどうかもわかりません。それでも、ぼくは予想もしなかった方向に進み始めた人生に全力をそそごうとしていました。

「生活の設計」のクライマックスは、「わたし」が妻の実家を訪ねる場面です。これはじっさいにあったことで、七月末に妻の母から電話があり、ぼくの甚平ができたというのです。

「今度の日曜日に、志木まで取りにいらっしゃいませんか?」

そう言われて、ぼくはとまどいました。二週間ほどまえから屠畜場で働いていることは、妻から聞いているはずです。うかがえば、当然その話になるでしょう。それに、ぼくはひとりで妻の実家に行ったことがありませんでした。

妻の全国縦断公演が終わるのは八月下旬です。それでは、妻の母がせっかくつくってくれた甚平を着る季節がすぎてしまいます。

「では、おことばに甘えてうかがいます」

ぼくは覚悟を決めて返事をしました。

小説では、妻の両親は、ぼくが屠畜場でアルバイトをしているのだとかんちがいしていたことになっています。これも事実そのままで、ぼくは今はまだ見習い期間中だけれど、その後は正社員として働くつもりだと答えました。

妻の父とのあいだに気まずい空気が生じて、おたがい口をきけずにいたのは、ほんの二、三分だったと思いますが、ぼくには無限の長さにかんじられました。

当時をかえりみて思うのは、屠畜の仕事に転職するまえに結婚しておいてよかったということです。そのおかげで、ぼくの転職は個人的な選択ではなく、妻や妻の両親にも影響をおよぼす行為にならざるをえませんでした。

くりかえしになりますが、職業選択の自由は日本国憲法でも保障されている権利です。それに屠畜をするひとたちがいるからこそ、牛や豚や鶏や羊の肉を食べることができるわけです。感謝されこそすれ、忌み嫌われる筋合いはありません。

しかし、日本では、屠畜に従事するひとたちに対する差別感は根強く、簡単には拭えません。大学を卒業しておいて、どうしてそうした仕事につくのかといぶかられてもしかたがないことは、ぼくにもわかっていました。

妻の父と侃々諤々《かんかんがくがく》の議論をするわけにもいかず、ぼくは妻の母が仕立ててくれた甚平をうけとり、バスに乗ってアパートに帰りました。

それから一ヵ月後に妻が帰ってきました。四ヵ月におよぶ全国縦断公演は各地で歓迎されたものの、体力と気力を使い果たした妻は高熱を発して、病院で連日点滴を受けるしまつでした。なかなか体調が回復しない妻の看病をしながら、ぼくは屠畜場に通いました。遅刻も欠勤もなく働いて、入社から三ヵ月後の十月半ばに正社員として採用されたときは、これで食べていけると安堵しました。

牛豚の糞尿《ふんにょう》や血液が顔や手足にかかるため、作業課の休憩室のとなりには風呂場があります。一生懸命に働いて、疲れきったからだを広い湯船に沈めながら、ぼくはこれは悪くない生きかたなのだと自分に言い聞かせました。

屠畜場で働くことでどんな人間になっていくのかは、やってみなければわかりません。自分で選んだ職業なのだから、誰に文句を言うわけにもいきません。ついに自分の人生が始まった気がして、湯船につかりながら武者震いしたのをおぼえています。

妻が劇団をやめて教員になると言いだしたのは年が明けた二月でした。ぼくはその理由をたずねませんでした。妻も、ぼくが屠畜場で働くことにした理由をたずねなかったからです。

妻は父親に電話をかけて、四月から臨時採用の教員として働きたいと相談しました。できれば特別支援学級がいいと言うと、数日後に返事があり、志木市内の小学校に空きがあるそうなので、教育委員会に連絡してみるようにとのことでした。妻は臨時採用の教員として働きながら翌年度の教員採用試験に合格して、正規の教員になりました。

心機一転のため、ぼくたちは引っ越すことにしました。不動産屋をいくつも訪ねた末にようやく見つけた本太のアパートは住み心地もよく、われわれは週末になると浦和のまちを飲み歩きました。

妻は三十歳の新任教員として働きだしてから三年後に妊娠しました。ぼくのなかでは、すでに気持ちは決まっていました。こどもが生まれたら志木で暮らそうと言うと、妻は少しこまった顔を見せたものの、電話で両親に伝えました。

「ありがとうって言って、すごく喜んでたよ」とのことでしたが、感謝するのはこっちのほうです。

毎年、お正月とお盆には、志木の家に妻の親戚が集まります。ぼくと妻も顔を出して、みなさんとビールを酌み交わしました。ぼくの仕事のことも、不妊治療を受けていることも聞いていたはずですが、妻の両親も親戚のみなさんも、ぼくが初めて志木を訪れたときと同じように温かく接してくれました。

恩返しということばは、あまり好きではありませんが、妻の両親にとって、孫と一緒に暮らすほどのしあわせはないでしょう。ぼくが決意すれば、それは実現できるのです。マスオさん的立場が、ぼくの精神にどのような作用をおよぼすのかにも興味がありました。

志木の家で暮らすようになって、ぼくは「子はかすがい」ということわざを実感しました。本来は夫婦の仲に適用される文句ですが、こどもはあらゆる人間関係をつなぐのではないかと思います。そして、かかわるひとたちを元気にする。

ぼくもかつては両親や祖父母を喜ばせたようですが、今や立場は変わりました。これからは三四郎を介して、みなさんとつきあっていけばいいわけです。

妻は出産祝いに来てくれた同僚の先生方と話しこんでいるので、ぼくは三四郎を抱いて二階にあがりました。

「きみは志木で育つんだ。ただし、大人になってからどこで生きていくのかは、自分で決めればいい」

ぼくは自分の腕のなかですやすや眠る息子にそう語りかけました。

第3章 不妊症という困難

われわれ夫婦は不妊症でした。

結婚から四年がすぎても妻が妊娠せず、産科婦人科医院で検査を受けたところ、ぼくに原因があることが判明しました。精子減少症、もしくは乏精子症と呼ばれる症状で、精子の密度が一般男性の半分ほどしかないため、普通に性交をしていたのでは妊娠しない。ただし、精子自体に異状はないので、採取した精子を排卵日に合わせて子宮内に人工的に送りこめばいいとのことでした。

人工授精と呼ぶのも憚《はばか》られる簡単な操作ですが、検査の結果を告げられたあとは、なんとも心もとない気持ちになったのをおぼえています。男子の沽券《こけん》にかかわるというか、妻の顔をまともに見られないというか、自分の存在が希薄になったような感覚がしばらくつづきました。

ぼくは五人きょうだいなので、こどもはできて当然だと考えていたため、よけいにショックが大きかったのだと思います。

わが家にあった『家庭の医学』には、「不妊症」がつぎのように定義されていました。

〈普通に性生活があり、避妊をしていないのに、結婚後二年たっても妊娠しない場合を不妊症といいます。不妊のひとで、こどもがほしいひとは、精密検査を受けて、原因を調べなければなりません。そのさい、かならず夫婦そろって受ける必要があります。不妊の夫婦のうち、二十パーセント以上は、夫の側に原因があるからです〉

ある日、ぼくはなんの気なしに『家庭の医学』を読み、自分たちがすでに不妊症であることを知りました。結婚後二年間で妊娠しないことをもって不妊症と見なすというのは、いささか乱暴に思えましたが、原因の有る無しにかかわらず、ひとくみの男女がおかれた状態として不妊症をとらえている点は、公平な見方だとかんじました。

そして、『家庭の医学』の記述にしたがい、妻とともに精密検査を受けた結果、ぼくの精子減少症が判明したわけです。医師によると、われわれのようなケースで人工授精をおこなった場合、妊娠の確率は三十三・三三パーセント、つまり三分の一ということでした。これは排卵日に合わせて性交をするのとほぼ同じ確率だそうです。

「なんだ。それじゃあ、すぐだ」

ぼくは安堵して思わず口走りましたが、だからといってショックが消えたわけではありませんでした。じっさい、「種なしぶどう」という表示をスーパーで見かけるたびに、過敏に反応してしまい、やりきれない思いがつづきました。

しかし、人工授精が始まれば、大変なのは妻のほうでした。排卵日を確定するために、毎朝起きがけに体温を計り、基礎体温表に記入するのはまだしも、毎月医師による処置を受けなければなりません。しかも、自分のからだに訪れる生理によって、人工授精の失敗を知らされるのです。妻の悲しむ姿を見るたびに、ぼくは身のおきどころがない思いをしました。

そんなとき、ぼくの妹が妊娠しました。結婚して一年でのおめでたです。夜八時ごろに母がかけてきた電話で知らされて、隠すわけにもいかないので妻に伝えると、彼女の頬を涙がつたいました。誰が悪いのでもなく、間が悪いと言うしかありません。ぼくは妻をなぐさめることばが見つかりませんでした。

不妊治療は二年におよびましたが、こどもはできないままでした。いつまで人工授精をつづければいいのだろう？　もっと大きな病院で診てもらうほうがいいのではないだろうか？　実子にこだわらず、養子をもらう方向で考えるべきではないだろうか？

不妊治療を受けているあいだ、われわれ夫婦はそうじて無口でした。話し合いが大切だと言われますが、人生の行方を左右することがらについては、おいそれと口にだせるものではありません。

気の晴れない日々をおくるうちに、ぼくは小説を書こうと思い立ちました。実生活の外側にフィクションを創りだし、その力によって、不妊症に苦しむ妻と自分をはげまそうと考えたのです。

文筆をなりわいにして十八年になりますが、ぼくは自分が小説家になるとは夢にも思っていませんでした。中学高校とサッカー部で、ボールを追ってグラウンドを走りまわり、勉強にも真面目にとりくむ。大学生になってからは、いかに生きるべきかについてひとなみに悩み、小説も読むようになりましたが、それはあくまで生きるうえでの参考にするためでした。

実生活において発生した問題は、実生活のなかで解決すればいい。ささいな行きちがいを、大げさにとらえて小説に書いたりせずに、多少の不平不満は腹におさめて暮らしていくのがまっとうな大人というものではないのか。そうした考えでいたので、まさか自分が創作をする側にまわるとは、夢にも思っていなかったわけです。

しかし、小説を書く以外に、われわれ夫婦がおちいっている苦境を抜けだす道はなさそうでした。デビュー作「生活の設計」は屠畜場での労働を描いた小説ですが、不妊症をテーマにした第二作「ジャムの空壜《びん》」こそ、ぼくが生まれて初めてとりくんだ小説でした。

人工授精に話をもどせば、医師は当初、妊娠の確率は三十三・三三パーセントだと言っていました。ところが、十回以上しても着床すらしないのはおかしいと、妻を再検査したところ、卵管が両方ともつまっていることがわかりました。管が変形しているのではなく、なにかがつまっているので、ガスを送ってそれをとりのぞけば貫通するとのことでした。

治療はうまくいきました。映しだされた画像を見ながら処置を受けていた妻によると、両方の卵管につまっていたゴミのようなものが消えて、ガスがすーっと通り抜けるようすがはっきり見えたそうです。痛みもまるでなかったとのことで、ぼくは妻の説明を聞きながら医師に感謝しました。

もっとも、最初の検査では、医師は卵管のつまりを見逃していたわけです。この二年間の煩悶をどうしてくれると言いたい気持ちもありましたが、ぼくも妻も、これで妊娠をはばむ要因がなくなったことのほうを喜んでいました。

二年にわたり、ほぼ毎月人工授精を受けてきたので、翌月は休むことにしました。そして、ひと月半ぶりに産科婦人科医院に行き、妻が基礎体温表を見せると、「あれれ」と医師が声をあげました。

「これは妊娠していますよ」

「えっ？」

ぼくと妻はおどろいて顔を見合わせました。看護婦さんも基礎体温表を見てうなずいています。

「いいですか。ほら、ここが排卵日で、そこから体温がさがっていないでしょう」

「先生、検査をしていただいたほうが」

検査キットを持った看護婦さんとともに、妻はトイレにむかいました。小水をつけると、＋かーの記号が浮き出るというものです。

「ほら、見て〜。やったよ〜！」

妻が歓喜の声をあげて診察室にもどってきて、ぼくたちは抱き合いました。医師と看護婦さんも喜んでくれました。その後の経過も順調で、三四郎が無事に誕生したのは、第1章で述べたとおりです。

『或る女』や『カインの末裔』で有名な小説家・有島武郎は、「子を持って知る親の恩」という格言を受けて、「子を持って知る子の恩」が本当ではないかと書きました。つまり、自分が親になってみて、こどもとはこんなにもありがたい存在なのかがわかったというわけです。

ぼくもまさにそのとおりだと思い、うれしさいっぱいで家事と育児にはげみました。しかし、その一方で、人工授精にとりくむなかでかんじた、追いつめられた気持ちを表現すべく、男性の不妊をテーマにした小説を書きつづけました。

もしも医師が早々に妻の卵管がつまっていることに気づいていたら、人工授精はすぐに成功していたかもしれません。その場合、妻は三十二、三歳で第一子を産んでいたわけで、仮に男の子だったとしても、「三四郎」とは名づけなかったでしょう。それに、ぼくもあそこまで精神的に追いこまれず、創作に挑んでいなかったかもしれません。まさに運命としか言いようがないわけで、こうして当時のことを思い返していても、ふしぎの感に打たれるばかりです。

われわれが人工授精を受けていた二十数年まえ、不妊治療に関する情報は、今とは比較にならないほどの少なさでした。当事者である夫婦も、多くを語らないのが普通でした。その後は、少子化と出産の高齢化が同時に進行したせいもあり、不妊治療や人工授精について、新聞・雑誌・テレビが積極的にとりあげるようになりました。不妊治療に対する健康保険の適用や、財政的な支援もおこなわれるようになりました。しかし、だからといって、夫婦の精神的な負担が軽くなったわけではありません。

不妊治療を受けていると、自分たちがこどもをつくるためだけに存在しているような気になってきます。こどもがいなければ、夫婦として失格であるように思いこみもします。しかし、こどもがいようといまいと、夫婦は夫婦です。

最近の統計によると、約一割のカップルが不妊状態にあり、その原因は男女半々だそうです。治療の技術は日進月歩ですが、自分に原因があったらどうしようと考えて、検査に二の足を踏むのは人情です。ただし、女性に検査を受けさせておいて、男性が知らん顔を決めこむというのだけはやめていただきたい。

わが家の『家庭の医学』に書かれていたように、不妊症とは、あるひとくみの男女の状態をあらわす用語です。こどもができずにこまっているひとたちは、どんな診察結果が出ようとも、夫婦で困難に立ちむかうのだということをよく肝に銘じて、ことにのぞんでほしいと思います。

第4章 激しい夜泣き

「ミツハルは、あかちゃんのとき、夜泣きがひどかったから」

母は、ぼくが小学校にあがるまえから、よく言っていました。いかにこまらされたのかを詳しく話しはしても、いまいましいというニュアンスは皆無だったので、ぼくはいつもおもしろがりながら母の話を聞いていました。

ぼくは昼間はニコニコしているのに、夜になると決まってぐずりだし、となり近所に響き渡るほどの大音量で泣いたそうです。

「のどが千切れるんじゃないかと思ったわね。初めてのこどもで、親のほうも若くて不慣れだったから、なんとなく不安だったんでしょうけど、それにしてもひどい泣きかただったわ」

ミルクをあげてもろくに飲まないし、抱っこしてあやしても泣きやまず、母も父もほとほと弱りはてたとのことでした。

そこで両親は一計を案じて、晩ごはんのあとに、散歩につれていくことにしたところ、その晩はめずらしく朝までぐっすり眠ったそうです。ところが、一歳に満たないぼくは夜の散歩に味をしめて、つぎの日は自分からおくるみの毛布を広げて、そこに寝ころんだ。父がしかたなく抱きあげると大喜びで、しかもかなり歩いたあとにアパートのほうに帰っていこうとすると、「あっち」と言って、反対の方向を指差した。

「あれは、なんともふしぎでねえ。まわれ右をしたわけでもなくて、とおまわりにもどっていこうとすると、『あっち』と言って、もっと先に行けというわけさ」

当時、暮らしていたのは新宿区上落合のアパートでした。父はぼくに環状六号線の工事現場を見せたそうです。ロードローラーやタンクローリーが動くようすを見るのが楽しかったのでしょう。

しかし、父としても毎晩ではたまりません。今夜は散歩はなしだと言うと、ぼくは毛布のうえを転げまわって泣きに泣いたとのことです。

ぼくには年子の妹がいます。身重の母の体調を心配した伯母が、ぼくを一週間あずかると言ってくれました。ところが、両親が相手でもひどい夜泣きをするのだから、よその家となればなおさらで、ぼくは伯母の家でひたすら泣きつづけた。泣き疲れて眠り、目をさませばまた火がついたように泣きに泣いた。あまりに激しい泣きかたに手を焼いて、伯母はわずか一晩で、ぼくを返しにきたそうです。

そんなある日、アパートの大家さんが母に、「そろそろハルちゃんが生まれて一年ね」と言った。

「早いものねって口ぶりで言ってくれたんだけれど、こんなにクタクタになっているのに、まだ一年しかたっていないのかって愕然《がくぜん》としたわね」

そうした武勇伝（？）をさんざん聞かされてきたので、ぼくは妻のおなかにいるあかちゃんが男の子だとわかったときから、夜泣きについては覚悟していました。妻にも話して、あらかじめあやまっておきました。もちろん、父がそうしたように、自分でもできるだけのことはしようと心に誓いました。

三四郎が本格的に夜泣きをしだしたのは、生後二ヵ月目でした。このころのあかちゃんは、三、四時間おきにミルクを飲みます。妻はまだ育児休業中でしたが、長い夜をひとりで乗りきるのは、あまりにも大変です。そこで毎晩午前一時以降は、ぼくが引き受けることにしました。

妻と三四郎は午後八時には寝てしまい、そのあと一、二時間はぼくの自由時間です。一階の居間でテーブルにむかい、本を読んだり、デビュー作「生活の設計」のもとになる断片を大学ノートに書いたりしていました。

もっと執筆に力をそそぎたいと思いましたが、屠畜解体の仕事は重労働です。ぼくは牛の担当だったので、やせていても三百キロ超、大きければ五百〜六百キロになる重さの牛を押したり、ひっくり返したりするため、真冬でも大汗をかきました。夏だと、ものの三十分で長靴のなかに汗がたまるほどです。それに、少しでも気を抜いたら、ナイフで自分の指を切ったり、腕や脚を刺してしまうので、心身ともにヘトヘトになります。

ただし就業時間は短くて、午前八時半に作業が始まり、その日に搬入された牛や豚をすべて解体してしまえば、終了です。夏のあいだは頭数が少ないので、作業場の掃除をすませて、午後二時には退社できました。肉の需要が増える冬場は昼食のあとも働いて、連日百五十頭の牛を解体していました。そのせいで晩ごはんのときには手がふるえて箸が持てないし、疲労で腫れあがった筋肉を冷ますために背中一面にシップを貼らないと眠れないありさまでした。

しかし、どんなにおそくとも午後四時には帰宅できたので、ぼくは毎日三四郎をお風呂に入れました。わが子が日一日と成長していくようすを目の当たりにするのは本当に楽しかったのですが、覚悟していたとおり、夜泣きには悩まされました。

三四郎の泣き声で起こされると、まずは枕元の目ざまし時計を一瞥します。午前一時よりまえなら、妻の肩を叩いて起こし、午前一時をすぎていた場合は、うつらうつらしながらオムツに手をやります。たいていオシッコでタプタプになっているので、ウンチをしていないかどうかをたしかめながらオムツを替えます。つづいて、お湯をこぼさないように気をつけながらミルクをつくり、三四郎を抱っこして飲ませます。幼いころのぼくに似て食は細く、百ccも飲めば上出来でした。そして、三四郎をたてに抱いて、げっぷをさせます。

「こっこちゃん、こっこちゃん、げっげっぽい」

「げっ」

こう書くと、左耳に響くげっぷの音や、左胸に伝わる三四郎の鼓動までもがよみがえります。母によれば、ぼくはげっぷをした拍子によくミルクを吐きもどしたそうですが、その点は三四郎のほうがずっとお利口でした。

げっぷが出ればひと安心とはいえ、三四郎はすぐには眠ってくれません。抱っこも、こちらがすわってだと、からだをよじってイヤがるので、立って揺らしてやらなければなりませんでした。それも五分や十分ではすまず、十五分くらい抱っこしてようやく眠ってくれるのです。

面倒なのはここからで、ぼくは三四郎を胸に抱えたままソーッと布団に横たわります。そして半身の姿勢になり、左腕を三四郎の頭のしたに入れて、右手の指先で胸をとんとんとんと叩いてやります。

ただでさえ疲れている腕がしびれてつらいのですが、三四郎は腕枕のほうがよく寝てくれました。しかし、ずっとでは、こっちがまいってしまいます。どうやら熟睡したと思い、頭のしたから左腕を引き抜いたとたんに泣きだされて、また立って抱っこというくりかえしも、何度したかわかりません。

保育園に通うようになってから、「頭のかたちがきれいなお子さんですよね」と先生たちにほめられました。それも当然です。三四郎は生後一年間はほぼ腕枕で寝ていて、枕に頭をつけたことなどなかったのですから。たしかに、ふっくらした、きれいな後頭部ですが、親としては苦労の日々が思いだされて、なんとも複雑な気分でした。

ある夜は、三十分ほどかけてようやく寝かしつけて、時計に目をやると午前二時になるところでした。ぼくも眠かったのですぐに寝てしまい、また三四郎の泣き声で起こされました。二、三時間はたっている気がして時計を見ると、二時十分でした。

わずか十分間眠らせるだけのためにあれほどの労力を費やしたのかと思い、絶望的な気持ちになったのをおぼえています。

三四郎を寝かしつけたあと、こちらがトイレに行くことがあります。階段をおりて一階に来ると、三四郎と離れた安心から、つい戸を引く手に力が入り、「ガラガラ、バンッ」と音が立った。

「しまった」と思ったときはあとの祭りで、二階から三四郎の泣き声が聞こえてきて、頭を抱えたことも一度や二度ではありませんでした。

せめて二時間でいいから、つづけて眠りたい。おそらく世のおかあさんたちはみんなそう思ってあかちゃんを育てていることでしょう。ぼくも寝不足のせいで、職場でよくケガをしました。大ケガはしませんでしたが、一針二針縫うくらいのケガは三四郎が生まれてからの一年間で七、八回はしてしまい、寝不足とはおそろしいものだと身をもって知りました。

それでもどうにか持ちこたえられたのは、ぼく自身も夜泣きがひどかったと、母と父からさんざん聞かされていたからです。自分も両親に世話をかけたのだから、同じだけの苦労は引き受けようと自然に思えるようになったのは、とてもよかった。もちろん、ぼくも三四郎に、いかに夜泣きがひどかったかを話してきましたから、とうに覚悟はできていることでしょう。

三四郎の夜泣きは三歳ころまでつづきました。一歳になるまえにひとりで歩き、おはなしもじょうずにするし、おしっこもトイレでできるのに、夜中になると泣きだすわけです。ミルクは一歳でやめていたし、おねしょをしているわけでもないので、添い寝をして背中や胸をさすってやれば、五分ほどで寝てくれます。それでも、こちらとしては、いつまた泣きだすかと気にしながら眠っているので、どうしたって疲れが抜けません。

ところが、その日、ぼくは夜中に一度も起きることなく朝を迎えました。横を見ると、三四郎も妻もまだ寝ています。時刻は午前七時になるところでした。まもなくふたりとも目をさましたので、ぼくは妻に三四郎は夜泣きをしたかとききました。

「えっ？　してないと思うよ」

そのことばを聞いたとたん、ぼくは歓喜しました。

「おれも起きてないんだ。つまり、三四郎は一晩中寝てたんだよ」

そのときの喜びは、格別でした。おしゃべりや、歩くことは、個体としての能力の発揮ですが、朝までぐっすり眠るというのは、三四郎が世界となじんだことを意味しています。日曜日だったこともあり、ぼくは夜中に起こされつづけた日々がついに終わった解放感にひたりました。

それと同時に、ぼくは妻と子育ての苦労をともにしてきてよかったと、心の底から思っていました。よく結婚披露宴でのケーキへの入刀を、夫婦の初めての共同作業だと言って祝福します。ぼくも妻と手を重ねてナイフを持ちましたが、われわれ夫婦にとって本当の共同作業は三四郎の夜泣きへの対処でした。

そうした経験を踏まえて、ぼくは以下の二点を主張したいと思います。

ひとつ、あかちゃんが生まれたあとも、夫婦は同じ部屋で眠るほうがいいこと。

ふたつ、妻は妊娠中も大変だけれど、本当に大変なのは出産後の育児なのだから、社会全体として、こどもを持ったばかりの父親を早く帰宅させるようにしていくこと。

この主張に対して、妻たちの側から反論があがるかもしれません。曰く、夫のいびきがうるさいので、一緒の部屋で寝られるとあかちゃんが起きてしまう。お酒や煙草のにおいがイヤだ。早く帰ってこられると、それなりの晩ごはんをつくらなければならないので、帰宅は遅くてもいいから外で食べてきてほしい。

ぼくの妹たちも、よくそうしたグチをこぼしていました。ですから、良き夫たろうとする男性諸君は、いびきを完全に抑えるのはむずかしいにしても、夕飯のおかずを買って帰ったり、食器洗いは自分でするといったことまで考えたうえで、できるだけ早く帰宅するべきだと思います。妻は育児で手いっぱいなのだから、夫にかまっているヒマなどカケラもないのだということをよくよく肝に銘じて行動すべきだということです。

夜泣きと、その対処について力説してきましたが、あかちゃんはかならず夜泣きをするわけではありません。じっさい、ぼくの妻はまるで手がかからないあかちゃんだったそうです。それに、十葉の夜泣きも三四郎ほどではありませんでした。

八つちがいで次男が生まれるとわかったとき、ぼくは大喜びしました。妻はひとりっ子ですが、ぼくは五人きょうだいだったので、三四郎にもせめてひとりはきょうだいがいるといいと思っていたからです。しかし、こればかりは天の配剤なので、どうしようもありません。

第二子の懐妊を喜びながらも、唯一不安だったのは夜泣きでした。三四郎が生まれたとき、ぼくは三十歳と若かったので、どうにかなりました。しかし、三十八歳で夜中に何度も起こされるのは正直キツイ。すでに作家専業になっていたので、体力気力のすべてを子育てに吸い取られて小説が書けなくなったらどうしようと懸念したわけです。

ところが、十葉は三四郎とはちがっていました。やはり生後二ヵ月で夜泣きが始まりましたが、オムツを替えてミルクをやり、げっぷをさせてから抱っこをしていると、やたらとからだをよじります。

「やれやれ、この子も立って抱っこをしないとダメなのか」

先が思いやられて、内心でぐちをこぼしながら立って抱っこをしても、十葉はやっぱり身をよじる。これは三四郎にはなかった反応です。

「もしかして、抱っこがイヤなのかな？」

そんなわけがないと思いつつ布団に寝かせると、十葉はすやすや眠ってしまいました。腕枕の必要もありません。

翌朝、妻に話したところ、彼女もうすうすそうではないかと思っていたとのことでした。

「きょうだいでも、ぜんぜんちがうんだね。三四郎なんて、ただ布団においただけじゃあ、絶対に寝なかったもんね」

「そうだよな。おれをひとりで寝かせるなんてとんでもないっていう、自己主張の強い泣きかたをしてさ」

その晩からは、無理に抱っこはしないで、十葉をすぐ布団に寝かせるようにしました。泣いても背中をなぜてやれば静かになるのだから、楽なものです。気負っていたぶん、拍子抜けしながらも、ぼくはあかちゃんは無意識に親の体力がわかっているのではないかと思いました。

わが家の子育てを詳述してばかりだと単調になるので、少し一般論めいたことも書いてみます。

ぼくにはこどもをこう育てようといった方針はありませんでした。ただ、こどものようすをよく見て、きちんと寄り添おうとは思っていました。特定の能力を伸ばそうとして躍起になるのではなく、こどもから気をそらさないようにしておこうというかんじです。

正直に言えば、子育ては退屈です。一日に何度も同じ絵本を読まされるし、こどもは同じ公園で同じあそびをしたがるので、代わり映えのしない日々にうんざりしてきます。それでいて、幼いわが子を守るために神経をすり減らしているので、心身ともにクタクタになるわけです。

それでも、自分が両親にどれほど世話をかけてきたのかを知っていると、わが子の姿に幼い自分の姿が重なり合う。さらに、かつて父や母がぼくにむけてくれていた温かい視線と、ぼくがわが子にむける視線が重なり合う。これをうわまわる感動は、この世にないと言っても過言ではありません。

物心がついてきたら、ぜひ子育て中のエピソードを話してあげてください。

司馬遼太郎は、こんなことを書いています。

……人間は、言語こそこの世の魅力の最高のものだ、とたれもが意識の底でおもっている。乳幼児は言語こそ発せられないが、たえず母親のことばによって、聴覚を通し大脳に快く刺激をうけつづけている。人間が最初に出会う〝芸術〟は絵画でも音楽でもなく、言語なのである。

やがて幼児が言語の意味を解するようになると（言語によって想像力を喚起されるようになると）、母親が話してくれるおとぎ噺《ばなし》に、宇宙のかがやきと同質のものを感じてしまう。

『風塵抄《ふうじんしょう》』に収められた「言語の魅力」の一節です。ぼくとしては「母親」と限定されているところを「父親や母親」としたい。もう一ヵ所、「おとぎ噺」を「子育て中のエピソード」に替えてみたい。

すると、こどもは生まれたばかりの自分という存在に、「宇宙のかがやきと同質のものを感じ」るわけです。ぼくの場合で言えば、連日のように激しい夜泣きをして両親や親戚たちに世話を焼かせていた自分が、おとぎ噺の主人公として光り輝くのです。これ以上の自己肯定感はないと思うのですが、いかがでしょう。

第5章 産後の妻を料理で支えよう

「お料理は、学生のころからされていたんですか?」

取材を受けると、今でもよくきかれます。休みの日に料理をする男性はかなりいても、主夫となるとめずらしいのでしょう。

「いいえ、結婚してからです。妻が料理についてあまりにもポンコツだとわかったので、このままではまずいと思い、自分でするようになりました」

これはまぎれもない事実ですが、もう少し詳しく言うと、ぼくが毎日料理をするようになったのは、大宮で屠畜の仕事についてからです。ぼくは二十五歳で、結婚して一年三ヵ月がすぎていました。以来、二十八年間、わが家の食事をつくりつづけているのだから、これぱかりは胸を張りたいと思います。

屠畜に話をもどせば、牛や豚をナイフで解体していく作業は重労働なので、朝昼晩の三食をしっかりとらないと、とても働けません。そこで仕事帰りに買い物をして、自分の空腹を満たすために料理をするようになったのが始まりです。

そのとき、あらためて思いだしたのが、母のことばでした。

「週に一回でいいから、お財布にお金を多めに入れて、スーパーに行きなさい。野菜や肉や魚を見て、これは食べたいと思ったら、それを買って、炒めるか焼くかして食べなさい。人間は、自分に不足している栄養が含まれたものを見ると、食欲がわくようにできているんだから」

これは、ぼくが茅ヶ崎を離れるときに母がくれたアドバイスです。ただし、残念ながら、北大在学中はまったく実行されませんでした。

ぼくは講義にはろくすっぽ出席せず、寮自治会の仕事をしたり、本を読んだりしていました。恵迪寮の仲間と酒を飲みながら徹夜で話しこむこともよくあったので、学生時代はひたすら不規則な生活をおくっていました。一日三食をきちんととったことなどほとんどなく、自分で料理をつくろうなどとはまちがっても思わない。もしも母のように料理がうまい女性と結婚していたら、ぼくは台所に立つことのない人生をおくっていたと思います。

じっさい、ぼくの父はまるで料理ができません。昭和十三年生まれなので、時代的な制約があるにしても、本当になにひとつつくれやしない。

ぼくが小学三年生のときですが、母が四、五日入院しました。父がめずらしく夕方に帰ってきて、晩ごはんをつくってくれました。ところが、冷凍の餃子をフライパンで焼いたところ、水が足りなかったらしく、まっ黒にこげてしまった。

「うわ〜、なんだこれは！」

「あははは、パパ、へたくそ」

うかれさわぐぼくと妹たちに、父は真顔で言いました。

「これは、ブラック餃子と言います」

つづいて焼いた餃子は、水の入れすぎでグチャグチャでした。

「はい、今度はグジャ餃子」

とっさのユーモアで場をなごませるのは得難い資質ですが、父が料理をしたのはあとにも先にもあのときだけです。

そんな具合だったので、ぼくも料理や片づけは女性がするものだと思っていました。

ぼくには妹が三人いて、年子の美佐子はしっかりものです。小学生のあいだは身長も同じくらいだったので、初対面のひとには美佐子のほうがお姉ちゃんだと思われることがよくありました。勉強も、彼女のほうがずっとできた。ところが、ぼくはお兄ちゃんだという理由でエバっていました。ごはんをよそってもらうのも、『少年ジャンプ』を読むのも、ぼくが最初で、美佐子はあとです。その関係は、ぼくが大学進学を機に家を出るまでつづきました。

ある日曜日の朝、母は台所で料理をしていて、美佐子がみんなにごはんをよそってくれました。ぼくは美佐子のとなりにいて、さも当然という顔で一番先によそってもらいました。ちょうど母がおかずをテーブルにおいたので、「いただきます」と言うなり、ぼくはひとりで食べだしました。パクパク食べて、お茶碗が空になったとき、美佐子が最後に自分のごはんをよそいました。

「おかわり」

ぼくがお茶碗を差しだすと、美佐子があきれた顔でよそってくれました。そのごはんを食べながら、これはさすがにほめられたふるまいではないなと反省したのは、ぼくが中学一年生か中学二年生のときだったと思います。

母からは、お米の研ぎかたとお釜でのごはんの炊きかた、それにりんごの皮のむきかたを教わりました。箸の使いかたと、お茶碗の持ちかたもきちんと教わりましたが、料理についてはとくに教えてくれませんでした。

料理をする男子の姿を見たのは、恵迪寮ででした。寮内に食堂がないかわりに、各フロアーにキッチン、冷蔵庫、電子レンジ、炊飯器が備わっていて、自炊ができるようになっていました。

十人単位での共同生活だったので、お金をだし合って米を買い、炊飯器のごはんがなくなったら、最後に食べたものが炊くというルールでした。料理が得意なものが寸胴鍋いっぱいにカレーをつくったり、二条市場で買ってきた鮭やカジカをさばいて、みんなで鍋にしたりもしました。秋の収穫期に、農学部の農場から失敬してきたトウモロコシやジャガイモを、おなかがはち切れるほど食べたのもいい思い出です。

もっとも、基本的に不規則な生活だったし、ぼくが「食」へのこだわりを持っていなかったのは、すでに書いたとおりです。ですから、くりかえしになりますが、ぼくがいそがしい仕事について、妻が料理好きなひとだったら、父と同じく台所に立たなかった可能性は大いにあるわけです。ところが、妻はそんなぼくよりもさらに料理や食事に無頓着でした。

最初は、魚の焼きかたでした。一緒に暮らしだした日に行った近くのスーパーで塩鮭の切り身を買おうとしたところ、妻がまるで不慣れで、ぼくが選びました。北海道で暮らしていたので、鮭のことならわかります。それに茅ヶ崎育ちなので、アジやサバやエボ鯛やしらすもよく食べていたと話すと、埼玉県は海がないので魚はあまり食べてこなかったと妻が答えました。その流れで、ぼくが塩鮭の切り身を焼いたのが運の尽きでした。

食べるからには、おいしいほうがいいわけで、回数を重ねるうちに焼きかたがうまくなっていく。そうなると、妻はすっかりぼくに任せて、しれっとしています。

まったくヒドい話で、そうしたことが積み重なった末に、ぼくは主夫になっているわけです。しかし、長い目で見ると、ぼくのほうが得をしているのではないかという気もしています。

じっさい、料理は楽しいものです。小一時間、労力をそそげば、ハンバーグも、豚肉の生姜焼きも、麻婆豆腐も、オムライスも、ビーフストロガノフも、肉じゃがもおいしくできあがり、家族と自分の空腹が満たされるのです。

小説だと、とてもこうはいきません。一冊の本になる分量の作品を書きあげるには、ゆうに半年はかかります。まず、軌道に乗せるまでがひと苦労で、温めていたテーマを自分なりに発展させて、編集者とすったもんだのやりとりを重ねながら、おおよそのプランを固めていきます。主人公の性格、時代と場所の設定、作品のテーマ。いずれも心底納得して、作品の世界にはまりこんでいかなければ、読者を引きつけるだけの魅力的なストーリーは生まれません。しかも、作品が完成する保証はどこにもないわけです。さらに、上梓しても売れるかどうかわかりません。

小説の創作に比べると、料理というのはじつにありがたいわけです。気がまぎれるし、つくっている最中は五感が刺激されます。

キャベツをちぎるのと、コンニャクをちぎるのとでは、指先に伝わる感触がまるでちがいます。木綿豆腐と絹ごし豆腐では、包丁が入っていくときのかんじが明らかにちがいます。よく選んで買ったジャガイモが、思ったとおりにホクホクとおいしかったときのうれしさ。ソラマメの房をむいて、なかの豆がどれもしっかり大きかったときの感激。新鮮なサンマやハタハタを店頭で見かけたときの、またこの季節がやってきたという感慨。食材を選ぶ楽しさに、料理をつくる楽しさ、そして家族と一緒に食べる楽しさ。小学校教員の妻が多忙を言いわけにして買い物も料理もしないおかげで、ぼくは母もかんじていたはずの楽しさを存分に味わえているわけです。

先日も、十葉の背が伸びているのに気づいて、ひそかに満足感を味わいました。これは、主婦なり、主夫として、年がら年中料理をしつづけたものにのみ与えられる特権的な喜びではないでしょうか。

じつは、妻もこれまでに二度、しきりに台所に立っていた時期があります。三四郎と十葉を

産んだあとの育休中で、離乳食を一生懸命つくっていました。野菜を煮たスープを製氷皿に入れて凍らせたり、おかゆをつくったり、ひきわり納豆としらす干しをそれぞれ湯通ししたものをラップにくるんで凍らせたり。産休に入ってから読んだ本で、あれこれ勉強していたようです。妻の努力の甲斐あって、息子たちはすまし汁と焼き魚が好きなこどもに育ちました。

おとうさんが料理にチャレンジするなら、あかちゃんが生まれたあとだと思います。体力が回復していないうえに、慣れない子育てでへとへとになっているおかあさんに料理をつくってあげたら、感謝されることうけあいです。もちろん、あと片づけや食器洗いもして、ここぞとばかりに見直してもらいましょう。そして、その後も、週に一度は料理をしていけば、おとうさんへの信頼が確たるものになっていくはずです。

ただ、いきなり料理をしようとしても無理なので、ふだんから夫婦で一緒に買い物に行っておく。買ってきた物をしまって、冷蔵庫のなかや、調味料がおいてある棚を見る習慣をつけておくことが大切だと思います。

家庭を成り立たせるために随時補充しておく物品の数は膨大です。石けんや洗剤だけでも五、六種類はあるし、ソース、トマトケチャップ、マヨネーズといった類いも、使い切らないうちに買い足しておかなくてはなりません。

短い期間でもひとり暮らしをすれば、親がふだんどれほどのことをしてくれていたのかがわかります。ぼくも大学進学を機に親元を離れてみて初めて、自分がいかにいけずうずうしく生きてきたのかを身をもって知りました。

そういうこともあって、三四郎には首都圏の大学に進んだ場合でも家を出ろと言っていました。ひとり暮らしの効果はてきめんで、週末に志木に帰ってくると、食事のあとで食器を流しまで運ぶようになったし、洗濯物を乾かすのにどれほど手間がかかるのかもよくわかったようです。最初の一年間は外食が中心だったようですが、やがて自炊もするようになりました。ぼくが三四郎につくりかたを教えたのはチャーハンと豚肉の生姜焼き。どちらも簡単だし、おなかがいっぱいになります。じっさい、かなりおいしくできたと、電話で報告がありました。

先日は、夏野菜カレーをつくろうと思うのだけれど、茄子とオクラはいつ入れるのかと電話で質問をしてきました。ぼくは連載小説の最終回を執筆中。なんてタイミングが悪い野郎だと胸のうちで文句を言いつつ、野菜は茹ですぎると溶けてしまうので、茄子は薄切りにして炒めて、オクラは茹でたものをタテ半分に切って、ルーを入れたあとに入れるのだと教えました。こちらも、満足のいくおいしさだったそうです。

もっとも、ぼくがつくる料理のほうがやはりおいしいようで、今度帰るときにはハンバーグが食べたいとか、ぜひ八宝菜をつくってほしいといったリクエストをしてきます。

日本は学費もアパート代も高いので、都市部で育った若者は高校卒業後も自宅から大学や専門学校に通う場合が多いと思います。せっかくひとり暮らしを始めても、コンビニやファストフード店が数多くあるので、自炊をするほうがかえって高くつくかもしれません。包丁やまな板をはじめとする料理器具や食器を買いそろえるのは、なかなか大変です。

ですから、自分で料理をするというのは、見方によっては非常に贅沢な行為なわけです。しかし、食材を買ってきて調理し、それを食べることは、まさに文化の根幹です。共働きが一般的になっているのに、食事の支度やあと片づけを夫が妻に丸投げにしていていいはずがありません。

どうぞ、みなさんも産後の奥さんに手料理をふるまってください。料理の経験がない方は、豚汁やカレーライスをつくるのがいいと思います。どちらも野菜を切るのに手間がかかるので、エプロンをした後ろ姿に必死さがにじみ出ることでしょう。それに味の調整がきくので、奥さんに味見を頼み、仕上げをしてもらってください。夫婦仲がよくなって、お子さんの成長にもよい影響をおよぼすことうけあいです。

第6章 こどもとあそぶときは声をだそう

子育ては退屈だと、第4章「激しい夜泣き」の終わりで書きました。こどもは同じ絵本を一日に何度も読んでもらいたがるし、同じオモチャで同じようにあそびたがります。まさに十年一日のごとき日々がつづき、親はどうしたってイラだってくる。三十分でいいから、まちを自由に歩きたいと、ぼくも毎日のように思っていました。

しかし、そうもいかずにあそんでいるうちに、しだいに目が慣れてきて、三四郎のわずかな成長にも気づくようになりました。毎日同じようにミニカーであそんでいても、少しずつ興味の範囲を広げているし、新しいことに挑戦しようとしてもいるのです。大事なのは、大人の感覚で退屈だと決めてしまわずに、こどもに気長に寄り添いつづけることだと思います。

矛盾を承知で言えば、こどもの成長はあっというまです。個人差はありますが、だいたい生後三、四ヵ月で首が据わり、六、七ヵ月でおすわりをして、八、九ヵ月でハイハイをして、早い子は一歳前後で立って歩きだします。しかも、当然のことですが、以前の状態にもどることはないわけです。ですから、親に気持ちの余裕がたっぷりあれば、こどもの成長の速さを惜しんで、もっとゆっくり大きくなってくれたらいいのにと思えるのかもしれません。ただし、第一子が一歳になるまでの子育て中に、そんなふうに思えるひとは、男女を問わず、ひとりもいないと断言できます。

「のどもと過ぎれば熱さを忘れる」とことわざにもあるように、時がたてば熱さを忘れます。けれども、のどを通っているあいだはどうしたって熱いのです。子育ても、思い返せば楽しいことは多々ありますが、じっさいにあかちゃんの相手をしているあいだは心配と退屈が半々で、楽しさはアクセント程度でした。

こどもはおそろしいまでに貪欲です。親がいくら疲れていようと、あそんでくれとせがんできます。それにまともにこたえていたのでは、こちらが倒れてしまう。けれども、待望久しい誕生だったこともあって、ぼくは三四郎の求めに徹底的につきあってやろうと決めました。

じっさい、ぼくは三四郎とよくあそびました。一歳まえにあんよをして、おしゃべりをするのも早かったし、反応もいいので、相手をしていて楽しかった。ただ、無理をさせないようにはしていました。

こどもがつかまり立ちをするようになると、親はうれしくて、立っていられる秒数を計ったりします。こどもも、親のはげましを受けて、がんばって立ちつづけようとするのですが、骨も関節も弱いこどもに無理をさせてはいけないわけです。

立てるだけの筋力がついてくれば、こどもは勝手に立って、危なっかしい足どりで歩こうとします。つまずいて、ケガをしてはいけないと、いつでも助けられるように差しだしていた手を払われて、ついこのあいだまでおっぱいを飲んでいたわが子の自尊心の強さにおどろかされたこともありました。

最近、まちや電車のなかで、こどもを胸に抱いているおとうさんを見かけます。とてもいいことだと思うのですが、どういうわけか、ほとんどのおとうさんが黙っています。歩きかたもぎこちなくて、なんだか呼吸も浅そうです。そもそも、あかちゃんのことをまるで見ていなかったりする。

「きょうはねえ、とてもいい天気でタンポポのお花がきれいに咲いているよ」

「ほら、ハトがポッポポッポって鳴いてる」

「これから、エスカレーターに乗るからね。エスカレーターというのは、動く階段だよ。はい、乗りました。ほら、どんどんうえにあがっていきます」

こんなふうに、歩きながら目に映ったことや、自分たちがしていることを、あかちゃんに話してみたらどうでしょう。

すると、まずは、おとうさんの歩くテンポが変わってくるはずです。ただただ慎重に歩いていたのから、あかちゃんの重みをしっかり受けとめて歩くテンポへと変わっていく。それにつれて呼吸は深く、鼓動はゆるやかになり、あかちゃんはおとうさんがリラックスしているとわかって、安心するはずです。

「ね〜んね〜ん　ころ〜り〜よ　おこ〜ろ〜り〜よ〜」

あかちゃんのからだが温かくなってきたのをかんじて、子守歌が口をつくようになったら、もうバッチリです。

しかし、散歩をしながら、こどもに話しかけるというのは、ちょっとハードルが高い気もします。そうなると、やはり基本中の基本である添い寝から始めるべきでしょう。

「お〜、よしよし」

「パパといっしょにねんねしような」

小さくて、やわらかくて、いいにおいがして、あったかくて、とにかくかわいいわが子とひとつの布団で寝ること。その経験が親子関係の原点となり、やがておとうさんとこどもだけでもあそべるようになるのではないでしょうか。

こどもが四、五歳になったところで野球やサッカーを教えるのもいいのですが、できることなら添い寝から入っていただきたい。おっぱいが出ないことは気にせずに、肘枕をついて、絹糸のように光り輝くあかちゃんの髪の毛をなぜてあげてください。子守歌をうたわなくても、メロディーをハミングするだけで、おとうさんの気持ちが穏やかになっていきます。そして、あかちゃんも無意識におとうさんの存在を受けいれていく。

なかでも最高なのは、あかちゃんの手のひらに指をおくと、キュッとにぎってくれることです。これは原始反射の一種で、人類がまだ樹上で生活していたときに落下を防ぐために身につけた本能的な動作だそうですが、あの小さな手で指をにぎられると、感動することうけあいです。

三四郎が一歳三ヵ月くらいでかけ足をするようになってからは、さんざんあそびました。一戸建てのありがたさで、家のなかをいくら走りまわっても、階下の住人から怒られることはありません。

「まて、まて〜」

と言いながら追いかければ、こどもは全身で喜びをあらわして逃げまわります。初めは部屋のなかで、つぎは芝生のある公園で、そのつぎはアップダウンのある土手と、こどもの成長につれて場所を変えていけば、いつまでも楽しめます。

家のなかでも、マットレスや座布団で段差をつくれば、よちよち歩きで一生懸命に乗り越えていきます。三、四歳になったら、高オニや氷オニや色オニ（オニの指定した色のものに触っていると捕まえられない）のようにルールを複雑にしていけばいいわけです。

もりあげるコツは、追いかけながら声をだすことです。これは、ほかのあそびにも共通して言えることだと思います。そもそも、こどものあそびには、声をだしながらするものがとても多い。

「だ〜るまさんが　こ〜ろんだ」

「ケンケンパッ　ケンパッ　ケンパッ　ケンケンパッ」

「い〜ち　に〜い　さ〜ん　し〜い　ご〜お　ろ〜く。もういいか〜い」

たとえ短い時間でも、親が声をだして本気であそんでくれれば、こどもはかなり満足します。大事なのは、あそんでいるあいだは、こどもから気持ちをそらさないことです。そうすれば、自然に気持ちが通い合い、気さくなやりとりや、愉快なあそびが生まれます。これは親子にかぎらず、すべての人間関係に当てはまるはずです。

三四郎と庭の砂場であそんでいたときのことです。一歳半くらいだったので、シャベルはまだうまくつかえません。ぼくがつくった砂の山に螺旋《らせん》の溝をつけて、そこにビー玉を転がしたり、オモチャのトラックの荷台に砂を積んだりしてあそんでいました。

その日は、ビニール製のウサギの人形を四つ、砂場に持っていきました。赤、ピンク、黄、緑とそれぞれ色がちがいます。いつものように、ぼくが砂で山をつくり、そこにウサギたちをおいてみました。

「三四郎、ウサギに名前をつけようか?」

ぼくは、なんの気なしに言いました。すると、三四郎が跳びあがって喜びました。

「赤がアキョ。ピンクがケキョ。黄色がパト。みどりがテト。アキョ、ケキョ、パト、テト」

三四郎は自分がつけた名前を連呼して、大興奮です。それまで、こんなことは一度もなかったので、ぼくはおどろきました。いったい、そんなふしぎな名前をどこから持ってきたのかもわかりませんが、とにかく三四郎は大喜びです。

「そうか、それじゃあ、この赤くて大きいウサギはなんていうんだい?」

「アキョぐずれ。アキョ、ケキョ、パト、テト、アキョぐずれ」

三四郎は、手拍子をつけて、リズムよく、自分がつけたウサギの名前をくりかえし呼んでいます。本当に、瞬間的に頭に音が浮かんで、それをそのまま口にだしたのでしょう。こどもの頭というのは、じつに自由でおもしろいと、ぼくは感心しました。

どうぞ、こどもとあそぶときに楽しく声がだせるおとうさんを目ざしてください。その効果は、こどものびやかな発想やコミュニケーションの豊かさとなってあらわれることでしょう。

こどもが少し大きくなると、オモチャを際限なくほしがったり、コンピューターゲームに夢中になることがあるかもしれません。でも、家族みんなで楽しくすごした経験があれば、オモチャやコンピューターゲームはアクセントでしかないことが、こどもにもやがてわかってくるはずです。

そして、こどもとのあそびの時間を積み重ねることで、お父さん自身も以前より視野が広く、器量のあるひとになっていくのではないでしょうか。

自分の狭量は棚にあげて、みなさんにおすすめするしだいです。

第7章
こどもと一緒にまちを知ろう

あかちゃんが生まれると、生活は一変します。覚悟していたこととはいえ、平日は仕事と家事と育児に追われて、てんてこ舞い。せっかくの週末も、乳母車で近所を散歩したあとに、車でベビー用品や食料品を買いに行くというワンパターンになってしまい、なかなか気分転換ができませんでした。それだけに、三四郎を自転車の補助椅子に乗せて出かけられるようになったときは、本当にうれしかったのをおぼえています。

三四郎は十一月生まれなので、二度目の春を迎えた一歳六ヵ月ごろに、ハンドルにかけるタイプの補助椅子を自転車屋さんでとりつけてもらいました。

「さあ、行こうか」

ぼくが言うと、補助椅子にすわった三四郎がふりむき、「うん」と笑顔でうなずきます。けれども、ぼくらを見おくるおじいちゃんとおばあちゃんは心配顔です。こんなに小さいこどもを自転車に乗せて、椅子から落ちたり、交通事故にあったらどうするのかと、気が気でないのでしょう。

「だいじょうぶだから」

妻がなだめても、とても安心できないようです。

三四郎は電車が大好きなので、ぼくは東武東上線の線路を見せに行くつもりでした。四月から市内の保育園に通っていて、先生につれられてみんなで電車を見に行く絶好の場所があるそうです。妻にきくと、だいたいどこかわかるとのことでした。

家からの距離は一キロほど、近くには公園があって、ブランコやすべり台もあるというのだから、自転車で出かけるのにはおあつらえむきです。妻に道順を教えてもらい、わからなくなったら三四郎に案内してもらうことにして、ぼくは自転車をこぎだしました。

走りだすやいなや、ぼくは爽快感でからだがふるえました。いわゆるママチャリですが、三段式のギアがついているので、スピードもだせるし、のぼり坂だってへいちゃらです。車や歩行者に注意しながら、ぼくはペダルをこぎました。三四郎も大喜びで、補助椅子にすわってからだをゆらせています。

「パパ、たのしいね」

「おう、自転車は最高だな。自動車より、ずっといいだろう」

「うん。ずっといい」

日曜日の午前十時すぎで、五月の明るい日ざしと、さわやかな風を受けて、ぼくも三四郎も上機嫌でした。

もともと、ぼくは自転車が大好きでした。小学四年生になったときに自分用の自転車を買ってもらい、友だちとあそばない日に、ひとりで走っていました。高校には自転車で通い、大学時代をすごした札幌でも主な移動手段は自転車でした。しかし、妻と結婚して勤め人になってからは、徒歩と電車での暮らしになりました。三四郎が生まれて志木にうつったのを機に、新しい自転車を買ったものの、乗る機会はさほど多くありませんでした。

それだけに、おおよその土地勘を頼りに線路を目ざしながら、ぼくは小学生のころにもどったような興奮をかんじていました。自転車に乗って未知の領域を開拓していく、気ままな旅の復活です。しかも、ひとりではなく、わが子をつれているのだから、うれしさは倍増で、ぼくは張り切ってペダルをこぎました。

十分ほどでたどりついた目的地は、目のまえを電車が通過していく、電車好きのこどもにとってはたまらない場所でした。踏切がすぐそこにあるので、カンカンカンと警報音が鳴り、竹製の遮断機が降りていくようすもよく見えます。轟音を響かせながら十輌編成の列車がやってきて、猛烈な速度で走り抜けていく光景をたっぷり眺めてから、ぼくは三四郎と線路沿いの公園であそびました。地面は踏み固められた赤土で、けやきの大木が何本もあるという、昔ながらの公園です。ブランコも、すべり台も、ジャングルジムも、鉄製の頑丈なものでした。

保育園のみんなと来たときは、ブランコに少ししか乗れなかったと言って、三四郎はぼくに背中を押させて、心ゆくまでブランコにゆられました。つづいて、すべり台とジャングルジムをつかって高オニをしてから、またブランコに乗り、最後に電車を数本見て、帰路に着きました。

いつのまにか時間がたっていて、家に帰ると昼の十二時をまわっていました。妻によると、おじいちゃんとおばあちゃんは、ぼくたちがなかなか帰ってこないので、何度も道に出ていたとのことでした。

当時のぼくは腕時計をしない主義だったため、時間を気にすることなく、思うぞんぶんあそんでしまったわけです。携帯電話は、一九九七年にはまだそれほど普及していませんでした。

その日の午後、三四郎はめずらしく昼寝をしました。ぼくもとなりの布団に寝ころび、うつらうつらしました。前途に光明が見えたと言うと大げさですが、こんなふうにして週末をすごせるならなんとかなりそうだと思ううちに、ぼくも眠りに引きこまれました。

それからは、週末になると、自転車で市内にあるいろいろな公園に出かけて、ぼくは少しずつ志木のまちを知っていきました。

茅ヶ崎で育ち、札幌で学生生活をおくったぼくにとって、妻との結婚を機に暮らすことになった埼玉県はないないづくしの場所でした。海はないし、浦和からも志木からも山は小さくしか見えません。スーパーで売っている魚の種類は少ないし、新鮮でもない。それに、夏がやたらと蒸し暑い。茅ヶ崎でも札幌でも、部屋にクーラーがなくても平気だったので、つまらないところで暮らすハメになったものだと、ぼくはことあるごとにこぼしていました。

ところが、三四郎を自転車に乗せて出かけるようになってから、志木に対する見方はじょじょに変わっていきました。これには、自分でもおどろき、「馬には乗ってみよ。ひとには添うてみよ」ということわざの正しさがよくわかりました。その伝で言えば、「まちには暮らしてみよ」です。

志木には、海はなくても、川があります。土手は桜並木になっていて、遊歩道にはベンチがいくつもおかれているし、こども用の遊具もいろいろあって、四季を通じて市民の憩いの場になっています。もちろん、ぼくも三四郎をつれてよく川辺の公園にあそびに行きました。

海は雄大ですが、塩っ気のある強い風が吹きつけるので、あかちゃんやこどもをつれての散歩には向きません。泳げるのだって、夏だけです。

それに比べて、川は穏やかです。公園では禁止されている野球やサッカーも、河川敷でならOKです。三四郎とキャッチボールやノックをどれほどしたかわかりません。

「川のある暮らしもいいものだな」

わが子のおかげで、ぼくは志木の魅力を知ることができました。親水公園以外にもたくさんの公園があり、それぞれ特徴があって、どの公園でもこどもたちが元気にあそんでいました。

「どんぐり公園」にはクヌギの木ばかりが植わっていて、秋にはどんぐりを拾いほうだいです。「一本橋公園」には大きな吊り橋がかかっていて、「ぐるぐる公園」には螺旋状のすべり台があります。「交通公園」には踏切や横断歩道があって電車ごっこをするのにはもってこいといった具合で、今日はどの公園に行こうか迷うほどでした。

最初は自転車で公園にあそびに行くだけでしたが、そのうちに商店街のお肉屋さんに立ち寄って、昼ごはんのおかずを買って帰るようになりました。お団子屋さんのみたらし団子やあん団子もおいしくて、すぐにファンになりました。

こどもをつれて買い物をする父親はめずらしいらしく、それに三四郎がきちんとあいさつをするので、どの店でもすぐに顔をおぼえてくれました。たまに、おまけもしてくれて、ぼくの志木に対する好感度はぐんぐんあがっていきました。

パリとは、ノートルダム寺院の鐘が聞こえる範囲だそうです。ぼくにとっての志木は、三四郎と十葉を自転車の補助椅子に乗せて走った範囲です。

前章で、こどもとあそぶときは声をだしてほしいと、おとうさんたちにお願いしました。自転車に乗るときは、歌です。童謡でも、「おかあさんといっしょ」の歌でも、歌謡曲でもいいので、ペダルをこぎながら、どうぞお気に入りの歌を口ずさんでみてください。車を運転しているときと同じだと思えば、照れくささもなくなるはずです。ぼくも、季節の童謡をよく歌いました。

こどもを自転車の補助椅子に乗せて歌をうたうおとうさんをふつうに見かけるようになったとき、日本のまちは今よりもずっと住みよくなっているにちがいありません。

第8章

おとうさんも保育園に行こう

ぼくは保育園が好きです。大好きです。

二十二年まえに三四郎が生まれて、十四年まえには十葉が生まれて、夫婦で育てながら、たくさんのひとたちに助けられてきました。こどもを介して、新たな関係がきずかれていくのがとても楽しかった。なかでも、保育園での先生たちとのつながりは特別だったと思っています。

三四郎は十一月生まれだったこともあり、一歳と五ヵ月になった四月から保育園に通い始めました。おはなしやあんよは早かったし、おむつもとれていたけれど、まだ一歳と少しです。最初の一週間はただただ泣いて、先生にずっとおんぶしてもらっていたそうです。そんな幼いこどもでも、一ヵ月もすれば、みんなと一緒に給食を食べたり、お昼寝をするわけです。三四郎もよくがんばったと思いますが、保育園の先生たちのご苦労はどれほどだったか。

保育園にこどもをあずけたおかあさんで、保育士さんに感謝していないひとはひとりもいないと思います。ぼくも、人生でもっともお世話になったひとを挙げろと言われたら、三四郎と十葉を見てくれた保育園の先生方と迷わず答えます。

これだけ保育園がポピュラーになったのに、送り迎えはおかあさんがほとんどしているという家庭が依然として多いようです。保育士さんの賃金が低いままなのも、おとうさんたちからのリスペクトが足りないからではないかと、ぼくは本気で思っています。

おとうさんたちには、週に一日か二日でもいいから、わが子の送り迎えをしに、保育園に行ってもらいたい。せめて連絡ノートを毎日読んでもらいたい。そうすれば、保育士さんに対する感謝の気持ちがわいて、こんなにも大変で大切な仕事に、平均をはるかにしたまわる賃金しか支払われていないことに憤りをおぼえるはずです。

保育といい、介護といい、幼いもの、年老いたものの命を守る仕事に対する評価がどうしてこんなに低いのか！　精神的にも肉体的にも苛酷で、なおかつ大きな利潤を生みだしようのない仕事を献身的に担っているひとたちをどうして讃えようとしないのか！

すみません。つい興奮してしまいました。

三四郎の入園に話をもどします。ぼく自身は幼稚園に二年間通ってから小学校にあがりました。妹たちや弟も幼稚園に通ったので、一歳五ヵ月で三四郎を保育園にあずけることに抵抗がなかったと言うと、ウソになります。

そのころは、ぼくも会社に勤めていたため、三四郎の送り迎えは同居している妻の両親がしてくれました。ひとり娘が産んだ初孫とあって、かわいくてしかたがなかったのだと思います。三四郎を補助椅子に乗せた自転車をおじいちゃんが押して、そのとなりをおばあちゃんが歩いていく。古いお寺のとなりにある市立保育園までは徒歩七、八分なので、散歩にちょうどいい距離です。

ぼくは三四郎がそうして保育園に送られていくところを見たことがありません。ただ、ご近所の方々は、絵に描いたような幸福な姿だと言っていたという話を、妻を通して聞きました。雨の日は送っていくのが大変なので、妻の両親はぼくにも妻にも内緒で保育園を休ませて、ふたりで日がな三四郎とあそんでいたそうです。

毎週水曜日だけは、ぼくが三四郎を迎えに行っていました。たまには妻の両親を休ませたいのと、保育園に興味があったからです。

「かしこい女のひとたちが先生をしているんだな」

それが保育園に対する第一印象でした。どの先生も、自分のそばにいる二、三人のこどもの相手をしながら、周囲への目配りを欠かしません。そして、ほんの二言三言で意思を伝え合い、つぎの行動にすばやくうつっていきます。こどもへの愛情を共有し、おたがいを信頼し合っているからこその関係で、ぼくは保育園の先生たちのプロフェッショナリズムに感心しました。

以来、毎週水曜日は、午後四時の十分ほどまえに保育園に着いて、生け垣のかげから、先生たちがこどもとあそぶようすをのぞき見るようになりました。年に一度、こどもたちに見つからないようにこっそり見学する機会ももうけられていて、ふだんの保育のようすを見られたのも、とてもありがたいことでした。

保育園の一歳児クラスでは、三、四人の先生がひとりあたり二、三人の園児の相手をつとめます。三人の先生で八人を見たり、四人の先生で十一人を見たりと、そのときどきで変わりますが、複数の先生で複数の園児を見るわけです。

三四郎が入った一歳児クラスは、主任がひとりに、中堅がふたり、新人がひとりという四人体制でした。専門に勉強してきたとはいえ、新人の保育士には経験が絶対的に不足しています。ひとりの園児に気持ちがむかうと、ほかの園児から目が離れてしまう。先輩の保育士たちが新人の保育士を的確にフォローするようすを見ては、ぼくは保育園への信頼を深めていきました。

三四郎は、そんな先生たちにすっかりなついて、

「さんちゃん、おいで」

と言われると、にこにこ顔で歩いていきます。親としては多少の嫉妬心にかられつつも、わずか一歳にして家庭以外の場所でしっかり人間関係をきずいているわが子の健気《けなげ》さに胸を打たれました。

「さんちゃんのおとうさん」と呼ばれるのにもなれた十月に、保育園で運動会がおこなわれました。三四郎にとって、生まれて初めての運動会です。

一歳児のクラスは障害物がおかれたコースをひとりずつ走り、ゴールで待つ母親に抱っこで迎えられます。三四郎もがんばって平均台を渡り、網をくぐって、おかあさんの胸に飛びこみました。

おとうさんが参加する競技もあるとのことで、ぼくはアナウンスにしたがって園庭の奥に三列縦隊に並びました。粉に埋まったアメ玉を口で探すレースだと説明されて、おとうさんたちが悲鳴をあげました。園児とおかあさんたちは大喜びです。

「それでは、自己紹介をしてください」

司会の先生に言われて、一列目の先頭のおとうさんがマイクを受け取りました。

「山本太郎です」

真ん中の列のおとうさんも言いました。

「田中次郎です」

つぎは、ぼくです。

「一歳児クラスの、三四郎のおとうさんです」

そう言って、ぼくはマイクを司会の先生に返しました。

「そうですね。おとうさんのお名前ではなくて、お子さんの名前を言うようにしてください」

一列目と二列目のおとうさんが言い直しました。

「よーい」

パンッとピストルが鳴って、ぼくはかけだすと、思いきりよく粉に顔をつっこみました。しかし、アメ玉は簡単には見つかりません。粉まみれになり、ようやくアメ玉をくわえてゴールしたあと、ぼくのそばに園長先生が来ました。

「先ほどはありがとうございました」

「いえいえ」

保育園では園児が主役ですからと胸のうちで答えて、ぼくは応援席にいる三四郎と妻のところにもどり、ふたりに顔の粉を払ってもらいました。

ぼく自身もそうでしたが、男の子は家族の主役として育てられることが多いと思います。結婚後は、「ご主人」と呼ばれたりするわけですが、こどもが生まれたとたん、妻の関心はわが子にうつります。両親も孫に夢中です。まだ主役でいたいと思い、「〇〇ちゃんのおとうさん」と呼ばれるのに抵抗を感じるおとうさんも多いのではないでしょうか。

しかし、これは甘んじて受けいれなければなりません。ぼくも父から主役の座を奪い、意気揚々と暮らしてきたわけです。三四郎だって、いつかは父親になり、わが子に主役の座を譲るときがくるのです。

「さんちゃんのおとうさん」と保育園の先生に呼ばれても平気になってきたころから、ぼくも少しは父親らしくなってきたのではないかと思います。

三四郎が五歳の二月に、ぼくは勤めていた会社を辞めて、作家専業になりました。それからは毎日保育園への送り迎えをするようになり、担任以外の先生にもあいさつをして、おかあさんたちともことばをかわすようになりました。

三四郎は午前九時に登園して、午後四時に降園していました。そのため、ぼくはいつも園児がそろっているところを見ていました。早くもひねくれかけている子もいれば、部屋の隅で小さくなっている子もいます。ぼくが靴をはいていると、けとばしにくる女の子もいました。

毎週月曜日の朝には、布団のシーツかけがあります。こどもと話しながら手際よくシーツをかけていくおかあさんが大半でしたが、なかにはこどもをまるで無視しているおかあさんもいます。すぐに手が出るおかあさんもいて、そのこどもは同じことを友だちにしているので、こまったものだとため息が出ました。

こどもが小学生になるころには、夫婦関係もあるていど安定してきます。けれども、最初の子が保育園に通いだしたころというのは、夫婦関係はまだまだ不安定です。懇談会のあと、園長先生に涙ながらに悩みをうちあけているおかあさんの姿を見かけたのも一度や二度ではありませんでした。

もちろん、シーツかけをしているおとうさんもいました。懇談会に来ているおとうさんもいましたが、父親のほうがメインで保育園に来ていたのは、わが家くらいだったと思います。それでも、運動会や発表会で二年三年と顔を合わせるうちに、おとうさんどうしも二言三言ことばを交わすくらいの間柄にはなりました。

三四郎は、トイレのつかいかたも、ハシの持ちかたも、洋服のたたみかたも、保育園で教わりました。散歩の途中に自動車が来たとき、みんなで壁にくっつく「壁ぺったんの術」も、実演して見せてくれました。

「アジのひらきに塩ふってパッ。ズンズンチャカ　ズンズンチャカ　ズンズンチャカ　ホッ。ニシンのひらきに塩ふってパッ」

愉快な歌詞にのっての手あそび歌も、保育園でたくさん教わってきて、晩ごはんのあとに、三四郎がぼくと妻に「指導」してくれました。

運動会でのダンスや競技は、進級するにつれて難しくなっていきます。乳児組のお世話もしなくてはいけません。年長組になると夏休みにはお泊まり保育をして、秋には電車に乗って沿線の動物園に遠足に行きました。

ピーピー泣いてばかりいた三四郎が、みんなと一緒に駅まで行ってキップを買う練習をしてきたようすを筋道立てて話すまでに成長したのです。まさに感動で、ぼくは保育園の先生たちに心から感謝しました。

そんな保育園とも、いつかは別れなくてはなりません。卒園式の会場に入ってきた三四郎の凛々しい姿を見て、ぼくの頭に妻が懐妊して以来の日々が高速で再生されました。

目がうるみかけて、ふと横を見ると、妻を含めたおかあさんたちが全員滂沱《ぼうだ》の涙を流しています。父親のぼくでさえ胸がいっぱいになっているのだから、みずからの体内で胎児を育み、苦しみに耐えて出産した母親たちが感極まるのは当然です。それにしても、あまりに手放しな泣きっぷりがおかしくて、ぼくはかろうじて涙を流さずにすみました。

そうして卒園した三四郎は二十二歳になりました。二年まえの成人式には保育園から一緒だった子たちも来ていたとのことで、スマホで撮った写真には懐かしい顔が映っていました。すっかり大きくなっているのに、卒園式での姿がオーバーラップします。保育園でお世話になった先生方に見せたら、さぞかし喜ぶだろうといったことを、ぼくは妻と話しました。


三四郎が卒園してから四年後に、十葉が同じ市立保育園に入りました。園児の数は二割増しになっていて、お昼寝をする部屋も園庭もすき間がまるでないかんじです。先生たちもいそがしさが倍増していて、園児たちとのかかわりを楽しむというよりも、散歩や給食をこなすので手いっぱいというようすでした。

でも、悪いことばかりではありません。こどもを送り迎えするおとうさんは、三四郎が保育園に通っていたときよりもずっと多くなっていて、父親どうしのつきあいも十葉が通っていたときのほうが密でした。卒園式でも、目を赤くしているおとうさんが何人もいました。

まだまだ少ないようですが、家事や育児にかかわる男性は確実に増えていると思います。全国各地の保育園で、卒園するわが子の姿に涙をこらえかねたおとうさんはたくさんいたはずです。そうした父親に育てられたこどもたちがつくる未来に、ぼくは大いに期待しています。

第9章 学ぶ楽しみはとっておこう

三四郎が小学生になったときは、親としてひと仕事を終えた気がしてホッとしたのをおぼえています。

産着に包まれていたあかちゃんは、ひとつまちがうと生命活動がとまりかねないほど小さくて、生後半年ほどは心配が絶えませんでした。保育園に通うようになっても、送り迎えをしなければならないし、一緒にいるあいだは基本的に目が離せません。

でも、小学生は自分でランドセルを背負い、雨の日でもカサをさして学校にむかうのです。

「よくぞ、ここまで育った」

通学班で一列になって登校していく三四郎を見送りながら、ぼくは毎日のように感慨にひたっていました。

もっとも、新たな不安もあります。勉強にはついていけるのか。友だちと仲良くやれるのか。先生は思いやりのある賢い方なのか。

妻が小学校の教員なので、学校の諸事情がわかっているのは大きなアドバンテージでした。一年生の担任には、とくに気持ちの穏やかな先生がつくとのことで、それは本当でした。

おかげで、三四郎は小学校に行くのが楽しくてならないようでした。帰宅すると、学校のようすをうれしそうに話してくれます。

クラスにはやんちゃな男の子が多かったので、

「今日は、アンポンタンなできごとはありませんでしたか？」

と、ぼくがきくと、

「ありました。アンポンタンなことがありました」

と三四郎が応じて、誰がどんないたずらをしたのかを教えてくれるわけです。

ひとしきり話すと、三四郎は宿題にとりかかります。二階の部屋に机はあるのですが、低学年のうちは一階の居間においたテーブルで宿題をしていました。

そこは、ぼくの仕事机でもあって、こちらがワープロで小説やエッセイを書くむかいで、鉛筆をにぎった三四郎が一生懸命にひらがなを書いていきます。

「はい。『つ』が終わりました」

　座布団に正座をした三四郎が言って、鉛筆をおきます。

「どれどれ、見せてごらん。お〜、うまいなあ」

「つぎは、『く』です」

「そうか、がんばれ」

　小説家というと、部屋にこもって外界からの刺激を遮断し、研ぎ澄まされた感性によって独自の世界を創りあげていくというイメージがあるかもしれません。けれども、ぼくはずっと居間のテーブルで執筆をしています。たぶん、今後もそうでしょう。


　ぼくは二〇〇一年二月十日付けで十年半勤めた屠畜場の仕事を辞めて、作家専業になりました。そのころのことですが、年中組だった三四郎がひらがなをおぼえたがりました。保育園から帰ってきて、お絵かきをしたいと言うので画用紙を出してやると、サインペンでひらがならしきものをさかんに書いています。

「保育園のお友だちで、ひらがなを書ける子がいるのかい？」

　ぼくがきくと、三四郎が顔をあげました。

「うん、いるよ。まゆみちゃんも、こうたくんも書けるし、あかりちゃんなんて、『あ』から『ん』まで全部書けるんだよ」

「そうか。三四郎も、ひらがなをおぼえたいかい？」

「うん、おぼえたい」

知的好奇心と負けん気で目を輝かせるわが子のたくましさに、ぼくは感激しました。ただし、この分野は妻の専門です。その晩、三四郎が寝てから話すと、妻はいい顔をしませんでした。

「五歳だと、まだ早いと思うんだよね。サインペンやクレヨンならともかく、鉛筆でノートに書くのには、かなりの指の力と握力がいるし、ひらがなには『かえし』や『はらい』があるから、小学生になってから、先生にちゃんと教わるほうがいいんだけどなあ。一年生の担任って、ひらがなを教えることにかけてはプロ中のプロの先生がつくから」

さすがは本職だけあって、妻の意見には説得力がありました。

いい機会なので、ぼくは妻の両親にも相談しました。三四郎がひらがなをおぼえたがっていると話すと、おふたりから返ってきたのは妻とほぼ同じ意見でした。

「小学生になって、クラスのみんなと一緒に、ひらがなをひとつずつおぼえていくのが楽しいのよ。来年度は一年生を受け持つと決まったら、先生方はみんな、春休みに学校に来て、黒板にチョークでひらがなを書く練習をするんですからね」

妻の母は、現役時代を思い出したようで、うれしそうに話してくれました。

すると当時、幼稚園の園長をつとめていた妻の父も言いました。

「こう言うと、幼稚園の先生方に怒られちゃうけど、ひらがなをどうやって教えるのかってことを専門に勉強してきたわけじゃないだろ。うちの幼稚園でも、保護者からの要望があるから、年長さんにひらがなを教えてるんだけど、見ていてヒヤヒヤしちゃうんだよな。へんな書きぐせがついちゃうと、なかなか抜けないから」

妻の両親の考えを聞いているうちに、ぼくは三四郎を説得する方法を思いつきました。

翌日、保育園から帰った三四郎のまえで、ぼくはひらがなの練習帳にむかいました。妻に用意してもらったもので、たてに四つ並んだ四角いマスには、どれも点線で十字が書かれていります。さらに、一番うえのマスには、「あ」の字が薄く書いてあります。二番目のマスには、一画目、二画目、三画目を書き出す位置に点が打ってあります。三番目と四番目のマスには点線の十字だけが書かれています。

「いいかい。これは小学一年生がつかう、ひらがなの練習帳だ。これから、おとうさんが鉛筆で『あ』を書くから、よく見ていなさい」

ぼくは座布団に正座をして、かつてなく真剣に「あ」を書きました。ひとつ目のマスの「あ」はきれいになぞれましたが、あとの三つのマスの「あ」は長年の書きぐせが出てしまい、まるでいけません。

「どうだ。ヘタクソだろう?」

ぼくがきくと、「うん。ヘタクソ」と言って、三四郎が笑いました。それから、ぼくは妻と妻の両親の考えを伝えました。

「おとうさんが字がうまければ、きみは五歳でもひらがなをじょうずに書けるようになるかもしれない。でも、おとうさんはこのざまだから、どんなに一生懸命に教えようとしても、きみの字をじょうずにすることはできない。それどころか、かえってヘタにしてしまうおそれのほうが大きいと思う」

そこまでを話すと、三四郎もわかってくれて、ひらがなを書くのは小学生になるまで我慢することになりました。

そんないきさつがあったため、三四郎は念願かなって、小学校でひらがなを教わるのが楽しくてならないようでした。算数も、数の基本からしっかり教わりました。

通信教育や学習塾、それに水泳や体操やピアノをはじめとする習い事はとても盛んです。ただ、ひらがなと同じで、三四郎には習い事はなにもさせませんでした。小学生になって、多少は恥ずかしい思いをするかもしれないけれど、それもいい勉強だと思っていたからです。だいいち、小学校に入ってきた一年生たちが、みんなひらがなが書けて、足し算、引き算もすらすらできたら、先生はいらなくなってしまいます。

妻の母が言ったように、こどもにとって一番大切なのは、クラスのみんなと一緒に勉強をすることです。まちがえた子がいても、笑ったり、バカにしたりせずに、その子がどうしてまちがえたのかをみんなで考えて、はげまし、はげまされながら学んでいくのが授業です。

小学校の先生たちは、親が思っている以上に、教えかたを勉強しています。大学で教わるだけでなく、教員になってからも学習会などに参加して、教育技術を磨いているのです。頭の抽《ひき》斗《だし》には教えかたがいくつも入っていて、この手がうまくいかないなら、あの手でいこうと、あれこれ考えながら授業をしているのです。

小学一年生の一学期の授業は、国語も算数もとてもゆっくり進みます。ぼくも、まさかそこまでじっくりやるとは思っていませんでした。しかし、考えてみればそれも当然で、小学一年生のカリキュラムは、ひらがなも数字もまるで知らないこどもに教えるようにつくられているのです。

中学や高校では予習が大切かも知れませんが、少なくとも小学一年生の一学期の授業に予習は不要です。

「それ、知ってる。それも知ってるよ」では、こどもはすぐ授業に飽きてしまいます。

ですから、親がすべきなのは、早めに教えることではありません。教えるのは小学校の先生の役割です。親は、こどもが帰宅後にしてくる話に気長につきあって、ノートに書かれたひらがなや数字をほめてあげれば十分だと、ぼくは思っています。

おとうさんは家に帰ったら、こどものノートを見てあげてください。赤ペンで大きな花丸がついていたら、うんとほめてあげてください。担任の先生が小まめに発行する学級通信を毎号読むようにすれば、自然にクラスメイトの名前もおぼえられます。担任の先生への親しみも湧くことでしょう。休日に授業参観があったら、ぜひ小学校に行ってみてください。

親が小学校に関心を持ち、先生方を信頼して、クラスメイトのことも大切に思っているとわかれば、こどもはかならず授業に集中します。宿題だって、きちんとするはずです。

おとうさんも、おかあさんも、わが子の学力が伸びることだけにとらわれずに、クラスがよくなっていくこと、その学年がよくなっていくこと、ひいては学校全体がよくなっていくことを考えてほしいと思います。

妻が小学校の教員なので、ぼくまですっかり学校よりの意見になってしまいました。でも、これはふたりの息子を育てたうえで、本心から思っていることです。

第10章 家でも輝くおとうさんになろう！

いよいよ最終章です。この章では、まず、ぼくが家事や育児に関心を持つきっかけになった出来事を三つ挙げます。

ここまでは、妻が料理に無頓着→自分でやるしかないというながれで語ってきました。そこにウソも誇張もないのですが、ひとの思考はそうたやすく切りかわるものではありません。

男は仕事、女は家庭という固定観念は、ぼくの頭のなかにもしっかり根を張っていました。ただし、そうした固定観念をぐらつかせるような出来事もいくつかあったわけです。

それらを挙げたうえで、夫は仕事をメインに活動して、妻は夫が心おきなく働けるようにサポートするという旧態依然とした家庭の形態を変えていくにはどうすればいいのか、ぼくなりの処方箋を提示しようと思います。

高校二年生のときの、倫理・社会の授業でのことです。

担当はS先生という、三十歳前後の男性でした。彫りの深い端正な顔立ちで、スタイルがよく、話題も豊富です。夏休み明けの授業では、イベリア半島を旅行してきた話をユーモアたっぷりにしてくれて、ぼくは興味津々で聴きいりました。

S先生は校内模試があると生徒にまじって問題を解き、ほぼすべての科目で最高点をとるという賢さです。ニーチェやキルケゴールについて、教科書に載っていないエピソードをつぎからつぎへと挙げながら熱く語ってくれたこともあります。ただし、どことなく不安定な面もあり、自分の結婚生活が危機に瀕していることをせつせつと訴えて、一時間の授業が終わったこともありました。

その日は、めずらしく教科書にそった授業でした。テキストは、結婚して主婦になった女性が書いた文章で、こどもがちっとも勉強しないことや、夫に対する不満、それに家計をやりくりする難しさがこまごまとつづられています。つまり、その女性は結婚生活に少々失望しているわけです。でも、主婦になったからこそ味わえる喜びもあります。

天気のいい日に、夫やこどもの衣類を干しながら、

「こういうとき、わたしは女に生まれて本当によかったと思うのだ」

という一文で、テキストは結ばれていました。

ぼくはクラスメイトの女子が音読する声を聞きながら文章を目で追い、ほのぼのとした気持ちになりました。

女子生徒が読み終わると、S先生は一度窓の外に目をむけてから言いました。

「今日みたいにカラリと晴れた天気の日に洗濯物を干すのは、男がやっても気持ちがいいものなんだよね。よく乾いてふかふかになったシャツやタオルをとりこむのも楽しくてさ」

ぼくはおどろいて、S先生の顔を見ました。

「家事をどう分担するのかは夫婦で話し合って決めればいいことで、一日交代や一週間交代でしたっていいわけだ。女性だけが、洗濯や掃除をすると決まっているわけではない」

S先生は少し神経質な表情で話し、ぼくはなるほどそういう考えかたもありだなと思い直しました。そして、幼稚園児だったとき、母がとりこんだ洗濯物があんまりふかふかだったので、うれしくなって、積みあげられた衣服のうえで跳びはねたことを思いだしました。もちろん、うんとしかられました。

くもりの日に、母は乾ききっていない衣服をコタツに入れました。すると、シャツもパンツもふかふかになります。それを母と一緒にたたんだこともありました。

そうした出来事を思いだしながら、S先生はやはりおもしろいと、ぼくは感心しました。北大に進んで学生寮に入ったぼくは、自分で洗濯をするようになりました。ただし、札幌は夏でも涼しいため、毎日替えるのは下着くらいです。それに冬のあいだは洗濯物を外に干せません。

そのかわりにというわけではないけれど、貧乏学生だったぼくは、ジーパンや毛糸の靴下に穴があくと自分で繕っていました。小学生のときに家庭科で習った「本返し縫い」で、当て布の端を一針一針縫っていき、最後に「玉留め」をして、どうにか繕い終えたときには満足感にひたりました。針を動かしながら、S先生のことを思いだしていたのは、言うまでもありません。

ぼくが小学四年生のとき、母がふと漏らしました。

「勤めていたときは、わたしもパパと同じようにいろいろな経験をしていた。結婚して、こどもが生まれても、パパはそれまでとなにも変わらずに仕事をして、知識を増やし、世界を広げている。でも、わたしはこどもの世話や掃除や洗濯ばかりをしていて……」

母はもっと自然なことばで語ったはずですが、残念なことにおおよその意味しかおぼえていません。

ぼくの両親は職場結婚でした。母は結婚後も勤めていたそうですが、第一子であるぼくの誕生が近づいたのを機に二十六歳で退職しました。短大の英文科を卒業後に六年近く働いたわけで、当人としてはもっと働きたかったのでしょう。しかし、昭和四十年ごろでは、子育てをしながら勤めに出る女性は教師か看護婦くらいだったのではないでしょうか。

とにかく、母はそれまでグチをこぼしたことがなかったので、ぼくはビックリしました。

ぼくが小学四年生だったとき、わが家は四人きょうだいの六人家族でした。その二年後に弟が生まれて五人きょうだいになるのですが、四人のこどもを育てるのでも、母はとてつもなく大変だったはずです。

父は、ぼくたちが起きるまえに家を出て会社にむかい、ぼくたちが眠ったあとに帰ってきていました。当然、家事はなにもしていなかったでしょう。日曜日も、大きなイビキをかいて昼寝をしていました。

ぼくは、母が不満に思うのも無理はない気がしました。しかし同時に、子育てはそんなにつまらないことなのだろうかという疑問も抱きました。

ぼくは母が大好きだったし、母が中心になっていとなんでいるわが家はとてもすばらしいと思っていたからです。３ＤＫの公団住宅では自分の部屋など望むべくもなかったけれど、そんなことはちっとも気になりませんでした。

「ただいま」とランドセルを玄関におくなり、「いってきます」と言って友だちとあそびに行く。日が暮れるまでさんざんあそび、「ただいま」とドアを開ければ、「おかえりなさい」と母が迎えてくれます。夕飯のおかずのにおいがただよっていて、ぼくは安心してマンガを読み、テレビを見ました。宿題も、一応しました。

会社で働くのもおもしろいだろうけれど、家のなかにだって楽しいことはたくさんある。母のおかげで、ぼくたちきょうだいは元気に育っている。会社と家を、どちらのほうがいいと比べる必要はない。

九歳のこどもなりにそう考えたのを、ぼくはよくおぼえています。


ぼくはバブル世代です。ただし、そうくくられることには強い抵抗があります。

一九八三年四月に北海道大学に入学したとき、一ドルは二百四十円くらいだったと思います。そもそも、為替レートなど気にしていませんでした。ところが、八五年九月のプラザ合意をきっかけにして、円高ドル安が急激に進行していく。翌年には一ドルが二百円になり、ついには百五十円台まで円高が進みました。それに応じて株価も地価もあがりつづけて、企業の業績もウナギのぼり。首都圏ではひとびとが異様なうかれかたをしていたようですが、札幌にはまだバブル経済の効果はおよんでいませんでした。

ぼくがバブル経済を実感したのは、同級生たちが四年生になった八七年の五月ごろです。ぼくは学部への移行時に留年していたので、卒業は翌年度以降でした。それなのに、電話帳なみにぶ厚い会社案内が毎日いくつも送られてきて、いくら廃品回収にだしてもキリがない。さらに卒業をひかえた法学部の四年生たちは男子も女子もあきらかに舞いあがっています。

聞けば、大手証券会社に就職したＯＢたちが、わが社に入ればボーナスは百万円、冬のボーナスは三百万円といった文句で学生たちを勧誘しているという。銀行も、ゼネコンも、商社も、とにかく学生を集めようと必死になっていて、競い合うように好条件を提示しているとのことでした。

「そんな与太話を真に受けるバカがどこにいる。おごれるものは久しからず。いずれコケて、大損するのがわからねえか」

高みの見物を決めこんでいたぼくは勝手なことをほざいていました。まさか、その予言があれほど見事に的中するとは思ってもいませんでしたが、たかだか二、三年景気がいいくらいでうかれている同級生たちのことが心底情けなかったのは事実です。

もともと、ぼくは大企業に入って出世する気はありませんでした。会社員にしろ、役人にしろ、政治家にしろ、学者にしろ、芸術家にしろ、家庭をかえりみずにすべてを投げ打つような生きかたはしたくなかった。神経をすり減らして出世競争を勝ち抜き、功成り名を遂げて、「今日までオレについてきてくれてありがとう」と妻に感謝するような人生はまっぴらごめんだと思っていたわけです。

卒業後の進路について悩んでいた時期にバブル経済に遭遇したおかげで、ぼくは覚悟が決まりました。円相場や株価や地価の変動に一喜一憂するのではなく、もっと地道に生活していく方法をあみださなければならない。そして、妻となる女性とともに、それぞれが働きながら家庭をいとなみ、こどもを育てたい。

それが一九八七年の夏ごろ、二十二歳のぼくが胸に抱いていた願望でした。当時、交際している女性はいなかったので、ずいぶん大それた望みでした。

ということで、男性は仕事、女性は家庭という固定観念を変えていくための処方箋ですが、この本をここまで読んでくださったみなさんには、もはや言うまでもないと思います。

おとうさんたちは、まずは休みの日に、食器を洗い、洗濯物を干してみてください。最初はぎこちなくても、そのうちに手つきがさまになり、汚れた食器がみるみるきれいに片づいていくことや、自分が干したシャツが脇の部分までよく乾いているのがうれしくなってくるはずです。そして、慣れてきたら、平日のタイムテーブルにそれらの家事を組み入れていきましょう。

さらに、せめて週一回でも料理を担当して、おかあさんを休ませてあげてください。こどもから、「おとうさんのカレーが食べたい」と言われるようになったら、「よーし。カレーはおとうさんにまかせとけ」と胸を張り、大いに腕をふるいましょう。

家事は毎朝ゼロからのスタートです。それを三六五日くりかえすことの大変さをぜひ味わってください。やがてその大変さが、自分で生活をつくっているというたしかな手ごたえとして実感されていくことでしょう。

そうすれば、自然と奥さんへの感謝のことばが出てくるのではないでしょうか。

「このところ雨ばかりだから、洗濯物を乾かすのが大変だろう」

「昨日の若竹煮はおいしかったなぁ。旬のものはやっぱりやわらかくて甘味があるね」

そして、気づいたことを自分からするようになる。

「タイルがちょっと汚れていたから、お風呂に入りながらきれいにしておいたよ」

「少し鼻声なんじゃないか？　帰りに、かぜ薬を買ってこようか」

勤め先で働き、家庭においても、できるかぎりの貢献をしていく。それがあたりまえになったとき、夫は妻から、ともに家庭をきずいていくパートナーと認められるのではないでしょうか。

家庭がおとうさんにとっての居場所となり、そこでいとなまれる生活を養分として、こどもたちが育っていく。これほど充実感のある出来事はこの世にないと断言できます。

中学生や高校生、それに大学生の男子は、女性と対等につきあうとはどういうことかを、一生懸命に考えてください。相手を自分の言いなりにするのではなく、一緒にいることでおたがいが啓発されていくような関係を目ざしてほしいと思います。

そして、父親になることになったら、「おいしい育児」を目ざしてください。難しくはありません。身重の妻を助けて、産後にも妻を助けて、幼いわが子と添い寝をする。こどもが走りたそうにしていたら、走らせる。疲れて抱っこをしてほしいと言ってきたら、抱っこをしてあげる。こどもと一緒に声をだしてあそぶ。そのくりかえしから、親子の愛情と信頼が生まれます。

みなさんの健闘と、幸運を祈っています。

著者紹介

佐川光晴（さがわ　みつはる）

1965年東京都生まれ、茅ヶ崎育ち。北海道大学法学部卒業。出版社勤務ののち、1990年から2001年まで大宮の屠畜場で働く。2000年「生活の設計」で第32回新潮新人賞受賞。2002年『縮んだ愛』で第24回野間文芸新人賞受賞。2011年『おれのおばさん』で第26回坪田譲治文学賞受賞。他の著書に『あたらしい家族』『銀色の翼』『牛を屠る』『大きくなる日』など。

こどものみらい叢書①
おいしい育児——家でも輝け、おとうさん！

2018年2月20日　第1刷発行　　定価はカバーに表示しています

著　者　佐　川　光　晴
発行者　上　原　寿　明

世界思想社
京都市左京区岩倉南桑原町56　〒606-0031
電話 075(721)6500
振替 01000-6-2908
http://sekaishisosha.jp/

（印刷・製本 太洋社）

ISBN978-4-7907-1709-6

「こどものみらい叢書」創刊のことば

終戦より七十余年を経て、私たちをとりまく世界は大きく変化しています。こどもの生活や教育の問題については、長期的なヴィジョンと個別の適切な対応が必要にもかかわらず、長い混迷状態から抜け出せていません。

私たちには、前の世代から受け継いできたものをより豊かにして次の世代につたえていく責任があります。そのために、いま一度、私たちの行為が「こどもたちの幸せにつながるのか」という視点に立ち戻る必要があるのではないでしょうか。

そこで当社では、さまざまな分野の専門家によるエッセイをとおして、こどもたちについてより深く理解すると同時に、こどもたちの生命と人権が尊重され、かれらが自由に未来を創造できる社会を考察しようと、本叢書を企画いたしました。

こどもは、一粒の小さな種子であり、遙かなる生命の歴史と叡智が詰まった贈り物です。また、こどもは芽を吹きはじめた一本の苗であり、みずから生きていく強い力をもっています。本叢書が、そんな可能性を秘めた小さな命を育む営みに少しでも寄与できればと願っています。

こどものみらい叢書

「こどもの幸せ」を守るために私たちは何ができるか？　これからの社会をつくっていくこどもたち、そのこどもたちを育てるおとなたちを応援するシリーズ。

☆① **おいしい育児**　家でも輝け、おとうさん！　**佐川光晴**

おとうさんが家事と育児をするのが当たり前になれば社会は変わる。主夫として二人の息子を育ててきた小説家が提案する豊かな育児生活。

② **お山の幼稚園で育つ**　**山下太郎**

幼児教育はすべての教育の根っこ。心とからだの健康づくりを大切にするお山の幼稚園の園長が子どもたちの無限の可能性を綴る。

③ **子どもが教えてくれた社会**（仮）　**片岡佳美**

子どもの言い分に耳を傾ければ、私たちがどんな社会をつくっているのかが見えてくる。家族社会学者による大人世界の辛口観察記。

☆は既刊

こどものみらい叢書

以降、続々刊行予定

お母さんのこころに寄り添う　高石恭子

こどものしあわせ、支えるしかけ　山田　容

子どもの心を育む遊び　松崎行代

私を育ててくれた本たち　中島京子

子どもが言葉にであうとき　永田　紅

書名は変更になる場合があります。